Junaid Tahir

Análise de desempenho de redes baseadas em MPLS com redes convencionais

Junaid Tahir

Análise de desempenho de redes baseadas em MPLS com redes convencionais

ScienciaScripts

Imprint
Any brand names and product names mentioned in this book are subject to trademark, brand or patent protection and are trademarks or registered trademarks of their respective holders. The use of brand names, product names, common names, trade names, product descriptions etc. even without a particular marking in this work is in no way to be construed to mean that such names may be regarded as unrestricted in respect of trademark and brand protection legislation and could thus be used by anyone.

Cover image: www.ingimage.com

This book is a translation from the original published under ISBN 978-3-330-02361-1.

Publisher:
Sciencia Scripts
is a trademark of
Dodo Books Indian Ocean Ltd. and OmniScriptum S.R.L publishing group

120 High Road, East Finchley, London, N2 9ED, United Kingdom
Str. Armeneasca 28/1, office 1, Chisinau MD-2012, Republic of Moldova, Europe
Printed at: see last page
ISBN: 978-620-7-90667-3

Índice:

Universidade de Sunderland

Melhores práticas de investigação e análise de VOIP com MPLS através da utilização de IPv4 que proporciona uma elevada qualidade de serviço

Junaid Tahir

Reconhecimento

Gostaria de agradecer a Deus Todo-Poderoso por me ter dado esta oportunidade, aos meus pais pelo seu apoio. Ao Sr. Philip Irving por me ter orientado ao longo deste projeto e a todos os meus professores que partilharam os seus conhecimentos comigo para me facilitar todo este percurso.

Resumo

No Paquistão, as novas tecnologias são introduzidas de dia para dia. As telecomunicações no Paquistão estão no seu auge. A maioria das organizações pretende que a sua rede esteja actualizada. Para efeitos de comunicação, a organização pretende um sistema fiável, rentável, eficiente e flexível.

O VOIP (Voice over IP) é a melhor opção para efetuar chamadas a um custo mínimo dentro ou fora da organização. O VOIP é a tecnologia mais útil hoje em dia porque é uma solução económica e fiável para as empresas e organizações empresariais. Existem muitas outras tecnologias disponíveis para transferir chamadas de voz de um lado para o outro. Estas tecnologias são ATM, Frame relay, MPLS, etc. Entre todas estas tecnologias disponíveis, a MPLS é uma tecnologia recentemente introduzida no Paquistão para redes de grandes empresas.

MPLS (Multi-Protocol Label Switching) é uma tecnologia de camada 2,5 que é mais eficiente do que a tecnologia de base IP. O MPLS fornece muitas características ao modelo de rede. Proporciona ao cliente uma conetividade fiável de extremo a extremo, com menos perdas de pacotes e elevada eficiência. A melhor caraterística do MPLS é o facto de ser uma das melhores opções para o tráfego em tempo real, como voz e vídeo, etc. Também proporciona maior flexibilidade em comparação com as outras tecnologias disponíveis no mercado. A qualidade do serviço e a segurança são as características mais exigentes para a rede de uma empresa. O MPLS proporciona a melhor qualidade de serviço para voz e dados.

Este projeto tem como objetivo a realização de algumas experiências baseadas na investigação e análise de chamadas VOIP sobre a rede baseada em MPLS, que garante a alta qualidade do tráfego de voz e de outros tráfegos.

Capítulo 1

Introdução

1.1 Descrição geral do projeto

Atualmente, o VOIP (voz sobre IP) é a tecnologia mais útil em quase todas as organizações, empresas, etc. Nos últimos anos, foram introduzidos muitos protocolos VOIP para melhorar a qualidade do VOIP (Abbasi et al. 2005). MPLS (Multi-protocol label switching) é a tecnologia utilizada para tornar a velocidade de transmissão eficiente e pode ajudar a reduzir o atraso de ponta a ponta durante a transmissão. O MPLS desempenha um papel vital nas redes da próxima geração, fornecendo QoS e características de engenharia de tráfego (Anderson, L. 2008). A voz pode ser transmitida utilizando diferentes tecnologias, como voz sobre ATM, voz sobre MPLS, etc.

O objetivo deste projeto é fornecer um modelo de rede para uma universidade superior no Paquistão. O cliente tem três campus em diferentes cidades: Islamabad, Lahore e Multan. Este modelo concebido fornecerá transmissão de voz e dados entre estes campi, utilizando uma nuvem MPLS. Para obter resultados válidos, as métricas de desempenho e o mecanismo de transporte de pacotes serão avaliados através da utilização de normas e ferramentas abertas.

1.2 Superior College Paquistão:

O Superior College é um dos principais colégios do Paquistão. Foi fundada em 2000. Tem muitos campus universitários em diferentes cidades do Paquistão. Tem três campus universitários em Lahore, Multan e Islamabad. Antes eram apenas dois campus universitários, mas agora abriram um novo campus em Multan. Todas estas cidades são cidades bem conhecidas e desenvolvidas do Paquistão. Islamabad é a capital do Paquistão, Lahore é a capital da província do Punjab e Multan é a segunda maior cidade da província do Punjab. Nestas cidades, estão disponíveis todas as facilidades relacionadas com as redes e as tecnologias.

O campus de Lahore foi o primeiro campus universitário que abriram em 2004, pelo que é considerado o campus principal da rede universitária Superior. Neste campus, existem 5 departamentos diferentes, com os seguintes nomes: departamento de informática e ciências da computação, departamento de administração e negócios, departamento de economia, departamento de comunicação social e departamento médico. A vista do campus da Universidade Superior de Lahore é apresentada a seguir.

Fig 1.1 *Campus da Universidade Superior de Lahore*

O campus da Universidade Superior de Islamabad foi criado em 2008. Neste campus, são oferecidos todos os mesmos cursos que no campus de Lahore. Este campus fica a quase 350 km de distância do campus de

Lahore. Agora, em 2014, abriram um novo campus na cidade de Multan. Todos estes campus estão bem concebidos e desenvolvidos. A vista do campus de Islamabad e Multan é apresentada abaixo.

Geograficamente, Lahore está situada quase no meio destes dois campus. Islamabad situa-se a norte de Lahore e **Multan a sudoeste de Lahore. Como mostra a figura 1.4**

Fig 1.2 *Universidade Superior campus de Islamabad* Fig 1.3 *Universidade Superior campus de Multan*

Fig 1.4 Vista geográfica das três cidades

1.3 Antecedentes:

A utilização e a necessidade de organização estão a aumentar de dia para dia e todas as organizações ou empresas querem que a sua rede seja segura, eficiente e actualizada. Tal como explicado acima em pormenor, a Universidade Superior abriu um novo campus em Multan, pelo que pretende atualizar toda a sua rede e implementar a sua própria rede privada. Estavam a utilizar RDIS

(Rede digital de serviços integrados) para a comunicação entre dois campus universitários. Para dois campi, era adequado para o cliente no que respeita às despesas e aos requisitos da universidade. Com efeito, a RDIS é a solução de baixo custo para a transmissão de dados de voz e vídeo da origem para o destino (*C. Andrew, 2006*). No capítulo 3 são apresentadas informações pormenorizadas sobre a RDIS. Agora, de acordo com as necessidades do cliente, este pretende ter a sua própria rede privada que lhe permita ligar os seus três campus entre si para transmissão de voz e dados. Uma vez que a RDIS fornece serviços de voz de boa qualidade e um atraso mínimo na comunicação, para atingir essa qualidade de serviço, a rede projectada fornecerá serviços VOIP e transmissão de dados através da rede baseada em MPLS (Multiprotocol Label Switching). Há algumas razões pelas quais a VOIP é melhor numa rede comutada por circuitos. Estas razões são apresentadas a seguir (Carter H. 2010)

> A VOIP permite que apenas uma rede transporte tráfego de voz e de dados.
> É mais eficiente do que a rede comutada por circuitos que exige um investimento menor para construir uma infraestrutura de rede.
> Também suporta redes de voz privadas.

A razão para tornar a rede necessária para o cliente baseada em MPLS é proporcionar uma melhor qualidade de serviço no que respeita à voz e aos dados. O MPLS tem a capacidade de reduzir o atraso de extremo a extremo através do reencaminhamento de pacotes de etiquetas e outra caraterística incrível do MPLS é a engenharia de tráfego. Proporciona o caminho mais curto e dedicado para um tipo específico de tráfego na rede *(J. Till Jhonson, 2008)*. As características MPLS da engenharia de tráfego e da qualidade do serviço podem ser utilizadas isoladamente ou em conjunto para atingir os objectivos (O. Ergun 2014). O funcionamento e as características do MPLS e a forma como este funcionará para o cliente são apresentados em pormenor nos capítulos 3 e 4.

1.4 Objetivo do projeto:

O objetivo básico deste projeto é fornecer um desenho de rede demonstrativo para uma universidade superior no Paquistão. De acordo com os requisitos do cliente, a rede deve suportar a transmissão de voz e dados de um campus para outro. A rede proposta fornecerá uma melhor qualidade de serviço para voz, e a taxa de dados deve ser equilibrada para que a utilização da largura de banda possa ser gerida corretamente. O principal objetivo é reduzir o atraso de extremo a extremo na transmissão de voz e dados e proporcionar uma melhor engenharia de tráfego de extremo a extremo e uma melhor qualidade de serviço na rede. Assim, durante as horas de ponta, não deve haver congestionamento nem perda de pacotes. Para garantir todas estas características da rede de demonstração para uma universidade superior, serão utilizados diferentes instrumentos e testes. Estes resultados e a avaliação da rede serão analisados no capítulo 7 do presente relatório.

1.5 Estrutura da dissertação:

Chapter 2: Este capítulo está relacionado com os objectivos deste projeto. É explicado em pormenor os objectivos do projeto, como esses objectivos serão alcançados e o que aprendemos com esses objectivos.

Chapter 3: este capítulo é designado por investigação 1, que contém toda a informação detalhada sobre os termos utilizados neste projeto. Fornece pormenores sobre as tecnologias já implementadas na universidade superior, bem como sobre a tecnologia e as características que serão implementadas para conceber um novo modelo de rede para o cliente no Paquistão. Os principais tópicos abordados neste capítulo são ISDN, MPLS, Qualidade de serviço para voz.

Chapter 4: Este é o segundo capítulo da revisão da literatura deste projeto, designado por Investigação 2. Neste capítulo, discute-se a forma como a voz será transportada pela rede MPLS, a QoS sobre a rede baseada em IP/MPLS e as ferramentas que serão utilizadas para testar o modelo de rede e para a avaliação.

Chapter 5: Neste capítulo, são fornecidas informações pormenorizadas sobre a conceção do modelo proposto para o cliente no Paquistão e a metodologia utilizada para satisfazer todos os requisitos do cliente no Paquistão.

Chapter 6: Este capítulo está relacionado com a implementação do modelo demonstrativo da rede concebida para o cliente. São discutidos os problemas encontrados durante a implementação da rede num laboratório e as estratégias de teste que serão utilizadas para avaliar o modelo de rede.

Chapter 7: Este capítulo contém todas as informações e pormenores sobre os resultados e a avaliação efectuada de acordo com o plano de testes. Com base nestes resultados, avalia-se de que forma este modelo de rede demonstrativo pode satisfazer todos os requisitos do cliente no Paquistão.

Chapter 8: Este é o último capítulo da dissertação, que contém o resumo de toda a dissertação e o trabalho futuro que pode ser efectuado com base nesta tecnologia.

Capítulo 2

Objectivos

2.1 Introdução:

Neste capítulo, todos os objectivos que vão ser alcançados neste projeto serão discutidos em pormenor. Todos estes objectivos são definidos de acordo com os requisitos do cliente e, ao mesmo tempo que se explicam os objectivos, também se discute a forma como estes vão satisfazer os requisitos do cliente.

2.2 lista de objectivos:

> Investigar as tecnologias de rede adequadas que estão disponíveis nos campus universitários em Paquistão.

> Pesquisa baseada em MPLS, sua rotulagem e políticas que são adequadas para o cliente no Paquistão.

> Investigação baseada em sistemas VOIP e no seu estado da arte, requisitos de qualidade de serviço para voz (atraso de extremo a extremo, jitter, utilização de largura de banda) e rotulagem MPLS adequada ao cliente no Paquistão.

> Conceber e modelar uma rede adequada para o cliente.

> Validar o modelo de rede no que respeita à complexidade da rede, à qualidade do serviço, à utilização da largura de banda, à perda de pacotes, ao jitter e ao atraso de extremo a extremo.

> Conceber e implementar a solução para o cliente.

> Avaliar o sistema VoIP baseado em MPLS para obter resultados através da realização de uma série de experiências, tal como definido no projeto, utilizando o mesmo quadro.

> Avaliar objetivamente todo o projeto (tanto os aspectos de investigação como os aspectos práticos) de acordo com os objectivos indicados nos Termos de Referência.

> Elaborar uma dissertação completa que reflicta a totalidade do projeto.

2.3 Explicação sobre os objectivos:

* **Investigar as tecnologias de rede adequadas que estão disponíveis nos campus universitários do Paquistão.**

Neste objetivo, será feita uma investigação sobre a rede e a tecnologia já disponíveis nos campus universitários do Paquistão. Além disso, tendo em conta este objetivo, será explicado por que razão o cliente pretende atualizar ou alterar a conceção da rede e a tecnologia dos campus universitários. Este objetivo ajudará a compreender todos os antecedentes da presente dissertação. O capítulo 3 explica este objetivo em pormenor.

* **Pesquisa baseada em MPLS, sua rotulagem e políticas que são adequadas para o cliente em Paquistão.**

Tendo em conta todos os requisitos do cliente, será efectuada uma investigação sobre o MPLS, a sua rotulagem e funcionamento. E, com a ajuda da revisão da literatura, será explicado o que se pode conseguir com a implementação de uma rede baseada em MPLS para o cliente e como será melhor fornecer uma melhor qualidade de serviço para chamadas VOIP e transmissão de dados através da rede. Este objetivo será discutido em pormenor no capítulo 3.

* **Investigação baseada em sistemas VOIP e no seu estado da arte, requisitos de qualidade de serviço para voz (atraso de extremo a extremo, jitter, utilização de largura de banda) e rotulagem MPLS adequada a chamadas de longa distância para o cliente.**

   Este objetivo contém informações pormenorizadas sobre os sistemas VOIP, a QoS necessária para a voz na rede e a forma como o MPLS é adequado para as chamadas VOIP. Em vez de apresentar mais pormenores sobre o VOIP e os seus protocolos, a qualidade de serviço necessária para a voz e os factores que afectam a qualidade da voz serão explicados em pormenor. A qualidade do serviço de voz será explicada no capítulo 3 do presente relatório. E a explicação sobre a forma como o MPLS suportará melhor a voz e como será possível melhorar a qualidade do serviço com o MPLS será abordada no capítulo 4 do presente relatório.

* **Conceber e modelar uma rede adequada para o cliente.**
* **Conceber e implementar a solução para o cliente.**

   Estes dois objectivos têm a ver com a conceção e a configuração do modelo de rede para o cliente, que satisfará todos os requisitos do cliente. Ao explicar estes dois objectivos nos capítulos 5 e 6, será também explicado o tipo de problemas que enfrentámos ao conceber o modelo proposto para o cliente e ao implementar esse modelo concebido. E como é que todos estes problemas serão resolvidos.

* **Validar o modelo de rede no que respeita à complexidade da rede, à qualidade do serviço, à utilização da largura de banda, à perda de pacotes, ao jitter e ao atraso de extremo a extremo.**

   Este objetivo será alcançado explicando todas as principais características do modelo concebido e a estratégia de teste será feita para verificar a complexidade da rede e garantir que esta supera todos estes factores-chave que afectam a qualidade do serviço de voz. Este objetivo será explicado no capítulo 6.

* **Avaliar o sistema VoIP baseado em MPLS para obter resultados através da realização de uma série de experiências, tal como definido no projeto, utilizando o mesmo quadro.**
   Este objetivo é a parte principal deste projeto de final de ano, no qual a avaliação será feita depois de testar a rede, para o efeito, serão realizadas algumas experiências para verificar a qualidade do serviço de voz e dados através da rede baseada em MPLS, para o que serão utilizadas diferentes ferramentas. A explicação sobre as ferramentas será dada no capítulo 4 e todos os resultados da avaliação serão discutidos no capítulo 7 deste relatório.

2.4 Conclusão:

Na conclusão deste capítulo, todos os objectivos são explicados passo a passo. Estes objectivos estão relacionados com a anterior tecnologia de rede utilizada pelo cliente no Paquistão e, depois, com a razão pela qual pretende atualizar a sua rede com MPLS e sistema VOIP. Em seguida, para esta nova tecnologia de rede, deve haver um projeto de rede adequado para o cliente no Paquistão. Depois de apresentar o modelo proposto, implementar esse desenho num laboratório para demonstração e preparar um plano de testes para testar todo o modelo de rede num laboratório com a ajuda de diferentes experiências.

Capítulo 3

Investigação 1

3.1 Introdução:

Este capítulo fornece alguns antecedentes da rede que o cliente já possui dentro dos campus para comunicação de voz e transmissão de dados. Além disso, este capítulo apresenta pormenores sobre a rede MPLS (Multi-protocol label switching), os seus principais factores e quem irá trabalhar para o cliente de modo a satisfazer os seus requisitos. A comunicação de voz é o tráfego mais prioritário para o cliente, pelo que os factores que afectam a qualidade do serviço de voz serão discutidos neste capítulo. Uma vez que o cliente no Paquistão está a mudar da antiga rede para a sua própria rede privada, espera um modelo de rede que seja rentável e que forneça melhores serviços VOIP entre todos os campus.

3.2 Rede no Paquistão para o cliente:

Tal como referido no capítulo 1, a Universidade Superior do Paquistão pretende atualizar a sua rede para ligar os seus diferentes campus para transmissão de voz e dados. Antes, esta universidade tinha apenas dois campus em Lahore e Islamabad. A distância entre estes campi é de quase 300 km, como mostra o mapa abaixo. Estes dois campus comunicam através da rede RDIS fornecida pela Pakistan Telecommunication Company Limited (PTCL). Agora abriram um novo campus em Multan, pelo que, em vez de utilizar a mesma tecnologia RDIS no terceiro campus, o cliente pretende configurar a sua própria rede privada, que é mais eficiente, económica, flexível e segura. A distância da cidade de Multan a Lahore é de quase 350 km, como mostra o mapa abaixo. Antes de avançarmos para a tecnologia que será utilizada na nova rede para o cliente, vejamos a rede já implementada para o cliente.

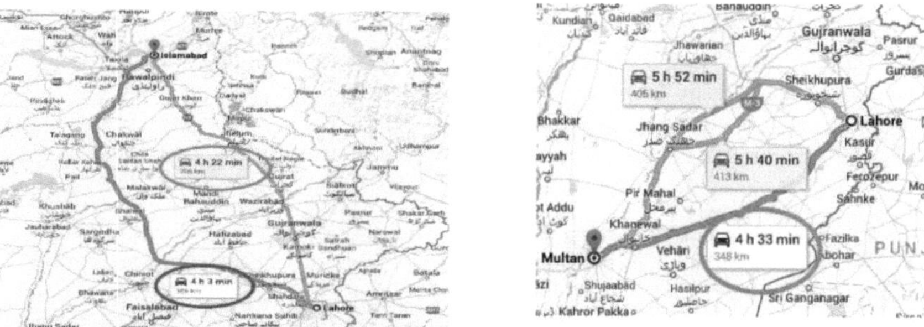

Distância de Lahore a Islamabad   Distância de Lahore a Multan

3.2.1 RDIS (rede digital de serviços integrados):

A RDIS é o conjunto de normas da UIT que permite a transmissão digital sobre cobre ou outro meio. Esta norma de comunicação permite o envio de voz e dados através da linha digital ou da linha telefónica normalmente utilizada. A linha digital pode suportar uma velocidade de transmissão de dados até 64 kbps (Margret, 2009). A norma RDIS foi concebida para utilizadores domésticos e empresariais. No Paquistão, a RDIS é a rede mais utilizada arquitetura nos últimos anos. A arquitetura da RDIS no Paquistão é semelhante à apresentada abaixo (fig. 3.1) para todos os sítios domésticos e empresariais.

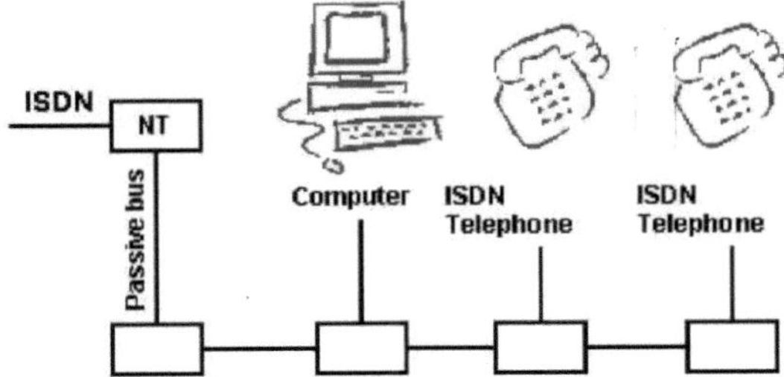

Fig. 3.1: Rede RDIS básica

O protocolo utilizado para a RDIS é o LAPD (Line Access Protocol channel-D). No modelo de referência OSI, este protocolo é definido como o protocolo do nível 2. Este protocolo funciona em ABM (Asynchronous Balanced Mode), um modo completamente equilibrado. Como já foi referido, funciona em modo assíncrono, pelo que trata o DCE e o DTE como se fossem o mesmo (Nguyen D. 2003). A estrutura padrão para LAPD é mostrada na (fig. 3.2).

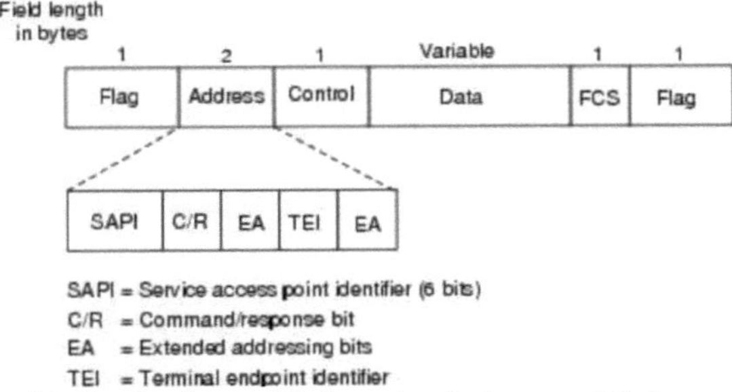

Fig. 3.2: Quadro do canal D do protocolo de acesso à linha

A RDIS baseia-se num conjunto de elementos constitutivos. Em primeiro lugar, existem dois canais na RDIS.

Canal B: O canal portador (B) é um canal de 64 kbps que pode ser utilizado para chamadas de voz, vídeo, dados ou multimédia. Múltiplos canais B combinados entre si para proporcionar aplicações com maior largura de banda.

Canal D: O canal Delta (D) pode ser um canal de 16 kbps ou 64 kbps utilizado para comunicações ou sinalização entre o equipamento de comutação na rede RDIS e o equipamento RDIS em sua casa ou no seu escritório.

Existem duas normas diferentes para a RDIS, que proporcionam facilidades tanto aos utilizadores domésticos como aos utilizadores empresariais.

BRI (Basic Rate Interface):

Antes, a maior parte das pessoas utilizava este serviço RDIS para se ligar à Internet. A ligação BRI pode suportar dois canais B, sendo cada canal de 64 kbps, e um canal D, de 16 kbps, através de uma linha telefónica. É por esta razão que chamamos ao BRI 2B+D, porque tem dois canais B e um canal D. Nos dados X.25, o canal D pode até suportar a baixa taxa de dados de 9,6 kbps para a ligação BRI, mas não é muito utilizado.

(Hac, A., 1989)

PRI (Primary Rate Interface):

O PRI foi especialmente concebido para as grandes organizações. Tem duas normas diferentes, a americana e a europeia. No Paquistão, a PTCL (Pakistan Telecommunication Company limited) fornece linhas E-1, uma vez que utiliza a norma europeia. A única diferença entre estas normas é o número de canais B. De acordo com a norma americana, são fornecidos 23 canais B e cada canal é de 64 kbps e um canal D que também é de 64 kbps, também chamado 23B+D ou T1. Mas na norma europeia tem 30 canais B e apenas um canal D. E todos esses canais são de 64kbps 30B+D ou E1.

(Vangie Beal, 2009)

No Paquistão, a PTCl é o único fornecedor de serviços de RDIS e utiliza a norma europeia. A Universidade Superior do Paquistão tem uma ligação RDIS em cada um dos seus campus. E configuraram o PRI para cada campus, o que lhes permite utilizar 30 canais B para voz e dados e um canal D para sinalização. Por outras palavras, trata-se de uma ligação digital E-1 que fornece um débito de dados de 2 048 Mbps. Como a sua atividade está a expandir-se, a empresa pretende conceber a sua própria rede que suporte a transmissão de voz e dados com qualidade de serviço garantida. Para além disso, será feita uma discussão sobre o MPLS, a sua rotulagem e a forma como funcionará para o cliente.

3.3 MPLS e a sua etiquetagem:

Nos últimos anos, o crescimento exponencial da Internet tornou um pouco difícil para os fornecedores de serviços fornecer ligações de alta velocidade aos seus clientes e proporcionar-lhes uma melhor qualidade de serviço. Assim, para fornecer serviços garantidos aos seus clientes, o fornecedor de serviços não precisa de fornecer grandes condutas de dados (que são caras), mas também de analisar a sua arquitetura de rede, que assegura a qualidade garantida do serviço (Sudeep G., 2012).

MPLS é a norma introduzida pela IETF que inclui as informações de encaminhamento no pacote da rede IP. Trata-se de uma tecnologia muito famosa que utiliza etiquetas anexadas aos pacotes para os encaminhar através da rede. O MPLS garante que todos os pacotes sejam encaminhados utilizando a mesma rota numa rede de backbone. O MPLS assegura a melhor qualidade de serviço necessária para a transmissão de voz e vídeo em tempo real através da rede. O MPLS também fornece acordos de nível de serviço (SLAs) que garantem a largura de banda. O MPLS está a funcionar nos níveis 2 e 3 do modelo de referência OSI. Por isso, chamamos ao MPLS tecnologias do nível 2.5, como mostra a figura 3.3. O MPLS tem capacidade para transportar diferentes tipos de tráfego, incluindo pacotes ATM, SONET, Ethernet e IP (Sudeep G., 2012).

DADOS DO PROTOCOLO DE CAMADA SUPERIOR	**NÃO UTILIZADO EM MPLS**
DADOS DE PROTOCOLO DO NÍVEL 3	
ETIQUETA MPLS	**-INSERIDO**

DADOS DO PROTOCOLO DE CAMADA SUPERIOR	NÃO UTILIZADO EM MPLS
DADOS DE PROTOCOLO DO NÍVEL 2	PARECE TRANSPARENTE

Fig **3.3 Posição do cabeçalho MPLS no modelo de referência OSI**

Existem alguns termos que são muito utilizados em MPLS. Esses termos são os seguintes.

3.3.1 Classe de equivalência de encaminhamento (FEC):

Como explicado anteriormente, o MPLS é a tecnologia de rotulagem de pacotes. Quando o pacote está a entrar na rede, é-lhe atribuído um número específico, a que se chama Forwarding Equivalence class (classe de equivalência de encaminhamento). Esta FEC ajudará o router a evitar a análise do cabeçalho, porque o MPLS cria uma tabela em cada router de uma rede. Esta tabela indica ao router como tratar este pacote específico do tipo FEC (Puneet M., 2010).

3.3.2 Cabeçalho MPLS:

Os seguintes campos estão incluídos no cabeçalho do MPLS, explicados a seguir.

> **Campo de etiqueta:** o campo de etiqueta tem 20 bits e contém o valor efetivo da etiqueta MPLS.
> **Classe de serviço:** a classe de serviço é de 3 bits e é utilizada para a estratégia de enfileiramento e o algoritmo de descarte que é aplicado aos pacotes durante a sua transmissão pela rede. Como a CoS é de três bits, podemos manter 8 classes de serviço diferentes para os pacotes.
> **Pilha:** a pilha no cabeçalho MPLS é de 1 bit e é utilizada para suportar a pilha hierárquica de etiquetas. Esta pilha ajuda o router a identificar se esta etiqueta é nova no pacote ou se já existia outra etiqueta no pacote.
> **Time To Live (TTL):** o tempo de vida desempenha a mesma função que no cabeçalho IP. Neste cabeçalho MPLS, é de 8 bits.

O cabeçalho MPLS é apresentado na figura 3.4 abaixo.

20 bits	3 mamas	bit	8 bits	32 mamas
Latxei	CdS	s	TTL	cr 4 bytes

Fig **3.4 Cabeçalho MPLS**

1.1.3 Encapsulamento:

Se a tecnologia da camada, como a ATM ou o frame relay, suportar a etiqueta MPLS, estas tecnologias encapsulam a etiqueta MPLS no seu campo de etiqueta nativo. E se as tecnologias da camada 2 não suportarem o campo de rótulo, o rótulo MPLS é encapsulado no cabeçalho MPLS normalizado e inserido entre a camada 2 e o cabeçalho IP da camada 3. É apresentado na fig. 3.5

Layer2 Header	Top Label	....	Bottom Label	Layer3 Header

Fig. 3.5: Encapsulamento do cabeçalho MPLS

1.1.4 Etiquetas MPLS:

A etiqueta MPLS é um identificador curto, de comprimento fixo e fisicamente contíguo, utilizado para identificar um FEC, normalmente de importância local. É curta e tem quatro bytes de comprimento. Como se mostra na fig. 3.6

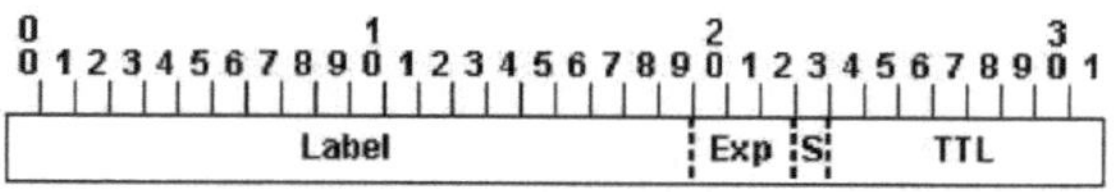

Fig. 3.6: Bits no cabeçalho MPLS

- Etiqueta - Valor da etiqueta (não estruturado), 20 bits

- Exp - Utilização experimental, 3 bits atualmente utilizados como um campo de classe de serviço (CoS)

- S - Fundo da pilha, 1 bit

- TTL - Tempo de vida, 8 bits

(Hussain, I. 2004)

1.1.5 Caminho comutado de etiquetas (LSP):

Para que os pacotes passem por um caminho comutado por rótulo (LSP) através da rede MPLS, todos os roteadores comutados por rótulo (LSRs) devem executar um protocolo de distribuição de rótulos e trocar associações de rótulos. Quando todos os LSRs têm as etiquetas para uma determinada classe de equivalência de encaminhamento (Forwarding Equivalence Class - FEC), os pacotes podem ser encaminhados no caminho comutado por etiquetas específico selecionado para essa FEC. A Universidade Superior quer a sua rede para dois tipos principais de tráfego: voz e dados. Assim, a voz e os dados provenientes do sítio dos clientes terão um determinado FEC e, de acordo com esse FEC, os pacotes serão encaminhados para um caminho de comutação de etiquetas específico dentro da rede. Existem três operações principais de etiquetas: troca, envio e envio. Estas operações são conhecidas por cada LSR através da consulta da base de informações de encaminhamento de etiquetas (LFIB). A LFIB é a tabela utilizada para encaminhar os pacotes de etiquetas e esta tabela é alimentada pela base de informações de etiquetas (LIB). E a LIB está a receber informações recebidas pelo LDP, RSVP e MP-BGP. O RSVP é um protocolo bem conhecido para a distribuição de etiquetas para a engenharia de tráfego MPLS. O MP-BGP distribui as etiquetas entre todos os LSR apenas para rotas BGP (Border gateway protocol). E o protocolo de distribuição de etiquetas é utilizado para distribuir todas as etiquetas para as rotas interiores da rede MPLS. Assim, todos os LSR que estão diretamente ligados entre si devem estabelecer a sessão LDP para poderem trocar as mensagens de mapeamento de etiquetas através das sessões LDP (Lwan Price E., 2013).

1.1.6 Router de comutação de etiquetas (LSR):

O router de comutação de etiquetas é o router que encaminha o pacote na rede MPLS sem verificar o cabeçalho e a tabela IP, porque a etiqueta já seleccionou o caminho para o pacote. Sempre que o LSR recebe um pacote, limita-se a verificar a etiqueta e reencaminha-o nesse LSP. Existem quatro tipos diferentes de LSR que são definidos de acordo com a localização numa rede inteira.

1. Um **router de entrada** está presente na parte inicial do LSP. É o único encaminhador de extremo em que o tráfego IP pode entrar num caminho MPLS, também designado por LSP. Os encaminhadores de entrada comunicam diretamente com os encaminhadores de entrada. De acordo com o modelo de rede do cliente, todos os routers configurados nos campus que estão diretamente ligados à nuvem MPLS são routers de entrada. O router de entrada encapsula o tráfego utilizando os cabeçalhos MPLS.

2. Um **router de trânsito** está localizado no meio do caminho de comutação de etiquetas (LSP). Os routers de trânsito não utilizam qualquer router de entrada e enviam os pacotes MPLS para o próximo salto no LSP. Na rede do cliente, os routers disponíveis na nuvem MPLS estão a funcionar como routers de trânsito. Utilizam a informação da interface que indica de onde veio o pacote e qual é o seu destino, de acordo com a qual estes routers encaminham o pacote MPLS.
3. Um **penúltimo router** está situado na penúltima posição do LSP. Estes encaminhadores são utilizados para remover o cabeçalho MPLS dos pacotes que passam pelo LSP. De acordo com o modelo concebido, os encaminhadores de núcleo são colocados na segunda última posição dos encaminhadores de extremidade, pelo que os penúltimos encaminhadores estão situados na nuvem MPLS no modelo concebido para o cliente. Depois deste encaminhador, o cabeçalho MPLS deixa de ser necessário porque o próximo salto será definitivamente o salto de destino.
4. Um **router de saída** é conhecido como o ponto de saída no router comutado por etiquetas. Recebe o tráfego IP que saiu do penúltimo router. Como routers de entrada, estes routers estão situados em campus universitários. No caso da transmissão, actuam como encaminhadores de entrada e, no caso da receção de pacotes, actuam como encaminhadores de saída.

(Cory. J, 2010)

(Hussain, I. 2004)

3.4 Disponibilidade MPLS para o Cliente:

Tal como referido no capítulo 1, os objectivos do presente relatório. Tendo em conta todos estes objectivos, o cliente pretende uma rede baseada em MPLS que suporte a transmissão de voz e dados e que garanta a qualidade do serviço. Assim, a rede que vai ser construída para o cliente ligar os seus três campi universitários entre si com uma nuvem MPLS, podemos obter estes serviços MPLS de qualquer fornecedor de serviços para que seja fácil para o departamento de apoio informático dos campi universitários manter e gerir a rede. Porque se incluirmos um fornecedor de serviços na nossa rede pessoal, será da sua responsabilidade fornecer-nos melhores serviços MPLS de acordo com as nossas necessidades. A necessidade de obter serviços MPLS de qualquer fornecedor de serviços deve-se ao facto de os campus universitários estarem muito distantes uns dos outros, como se pode ver nos mapas apresentados no início do capítulo.

Em toda esta rede, o tráfego mais prioritário será o das chamadas VOIP, uma vez que o sistema RDIS existente entre os campi universitários para efetuar chamadas tinha uma boa qualidade de voz. Assim, a razão para implementar a rede baseada em MPLS e estabelecer uma melhor qualidade de serviço para o tráfego é conseguir o mesmo nível de qualidade de voz no VOIP. Como já foi referido, para melhorar a qualidade da voz é necessário minimizar o atraso extremo-a-extremo, o jitter, a perda de pacotes e a utilização eficiente da largura de banda. Todo o desenho da topologia e as suas características serão discutidos nos próximos capítulos.

3.5 Requisitos de QoS para voz:

Foi discutido no capítulo anterior que a rede PSTN fornece a melhor qualidade de serviço para voz. Para atingir o mesmo nível de qualidade, os sistemas VoIP têm de cumprir requisitos de QoS extremamente rigorosos. A próxima secção explicará os principais factores que realmente afectam o sistema VOIP, se o modelo de rede tiver capacidade para superar esses termos, poderá proporcionar-lhe uma melhor qualidade de serviço. O facto de o chamador se aperceber que o atraso real de ida e volta da voz é de 250 ms ou mais, mas a norma ITU-T G.114 recomenda uma latência de 150 ms (Cisco, 2001).

3.5.1 Atraso de ponta a ponta:

O atraso de extremo a extremo é o tempo total que o pacote demora a deslocar-se da fonte para o destino. Existem alguns factores que afectam o atraso de extremo a extremo. Os componentes que afectam o atraso extremo-a-extremo são apresentados na figura 3.6.

Atraso de codificação: O tempo que o codificador demora a converter a voz analógica em digital é conhecido como atraso de codificação.

Atraso de empacotamento: Para encapsular um número fixo de amostras de voz em pacotes, adicionando os cabeçalhos de protocolo apropriados. O tempo para isso é o atraso de empacotamento.

Atraso da rede: O intervalo de tempo total necessário para transmitir e propagar os pacotes de voz de uma extremidade à outra é conhecido como o atraso da rede.

Atraso de reprodução: existe um componente chamado buffer de reprodução que reúne os sucessivos pacotes recebidos. E depois transmite-os para a extremidade recetora. Este tipo de atraso é conhecido como atraso de reprodução.

Atraso de descodificação: O tempo necessário para converter novamente o sinal digital em sinal analógico é conhecido como atraso de descodificação.
(Yackoski J. 2010)

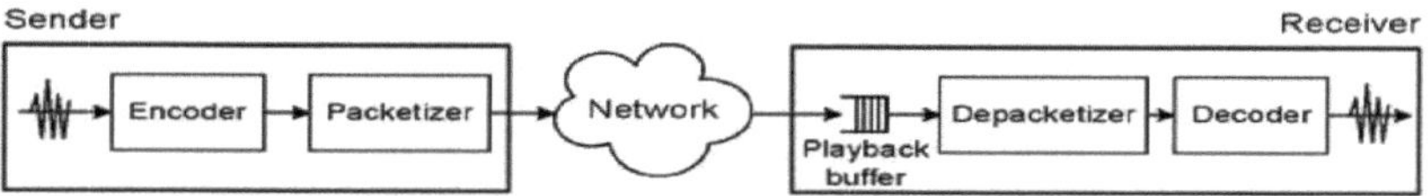

Fig. 3.7 Tipos gerais de atraso numa rede

3.5.2 Jitter:

O jitter é o fator que realmente afecta a qualidade do sistema VOIP. O jitter é definido como a variação do atraso e é o resultado do congestionamento que pode ocorrer na rede ao longo do tempo. Enquanto o emissor transmite os pacotes de voz a um ritmo constante, não se pode garantir que sejam recebidos a um ritmo igualmente constante, exatamente devido a um possível congestionamento da rede.

3.5.3 Perda de pacotes:

A perda de pacotes é outro fator-chave que afecta seriamente a qualidade VoIP. Esta perda é definida como o número de pacotes que não são entregues no final do recetor. Tal como o jitter, pode ocorrer devido ao congestionamento da rede ao longo do percurso dos dados. Recomenda-se que a norma ITU G.711 proporcione uma perda de pacotes tão baixa quanto 1% ou menos para qualquer sistema de rede.

3.5.4 Utilização da largura de banda:

Uma métrica importante é também a largura de banda necessária para uma única chamada. Esta é afetada por o codificador e o algoritmo (codec) utilizado para converter o sinal de voz analógico em digital. A sobrecarga causada pelos cabeçalhos de protocolo adicionados pelo packetizer ou pelos eventuais mecanismos de segurança é também um fator importante.

(C. Master, junho de 2014)

3.6 Conclusão:

Em conclusão, esta revisão da literatura fornece alguns antecedentes sobre a rede RDIS que já estava configurada nas instalações do cliente e a razão para mudar esta tecnologia é o facto de o cliente ter três campus em três cidades diferentes. Por conseguinte, é dada uma explicação sobre a tecnologia MPLS, as suas melhores características e a razão pela qual o cliente pretende a MPLS para a sua própria rede privada e a forma como esta satisfará os requisitos do cliente, uma vez que este pretende a sua própria rede privada para VOIP e transmissão de dados, dentro do campus e de um campus para outro. Assim, foram analisados em pormenor os requisitos de QoS para os sistemas VOIP e os factores que afectam a qualidade do VOIP, como o atraso de extremo a extremo, a perda de pacotes, o jitter e a utilização da largura de banda, para ter em conta os diferentes tipos de tráfego que circulam na rede.

Capítulo 4

Investigação 2

4.1 Introdução:

Os capítulos anteriores forneceram a informação básica sobre os antecedentes do cliente no Paquistão e a infraestrutura que já está implementada nos campus universitários do Paquistão. A informação sobre os antecedentes deu a direção certa para a tarefa futura, ou seja, o que o cliente espera da nova conceção da rede para os três campus universitários. Como foi discutido nos capítulos anteriores, a nova rede para o cliente será baseada em MPLS, pelo que o último capítulo tratou da técnica básica de MPLS, da sua funcionalidade e disponibilidade para o cliente. E a voz é o tráfego mais prioritário para o cliente, pelo que se discutiu a qualidade de serviço necessária para a voz e os factores que afectam a qualidade da voz.

Neste capítulo, a investigação incide sobre as técnicas disponíveis e sobre a técnica a utilizar na rede do cliente para transportar a voz da origem para o destino na rede de base MPLS. A comutação de rótulos multiprotocolo (MPLS) fornece as funcionalidades de engenharia de tráfego para redes baseadas em IP, como a tecnologia ATM, e fornece capacidade de encaminhamento atribuindo rótulos aos pacotes (*R. Harrell, Carrier MPLS support for VOIP*). O MPLS proporciona uma melhor qualidade de serviço em comparação com as outras técnicas. As características de qualidade de serviço fornecidas pelo MPLS são o encaminhamento explícito da fonte, os serviços diferenciados, a escalabilidade, a funcionalidade de serviço integrado, etc. (J. Moon Chung et al, 2009). A parte restante deste capítulo é dedicada às ferramentas que serão utilizadas para testar a rede projectada para o cliente no Paquistão. Estas ferramentas ajudarão a verificar a utilização da largura de banda, a perda de pacotes e o atraso de ponta a ponta em toda a rede.

4.2 Voz sobre MPLS:

A comutação de rótulos multiprotocolo (MPLS) é uma técnica muito útil para transportar voz através de uma rede baseada em MPLS. Existem diferentes métodos para transmitir voz utilizando MPLS. Um dos métodos é o VoMPLS simples (voz sobre MPLS), que é basicamente semelhante à pilha de protocolos VOIP (VOIPoMPLS). Outros métodos de transmissão de voz utilizando MPLS são o VoMPLSoATM e o VoMPLS sobre a VPN. Mas, de acordo com a norma MFA IA 1.0, prefere-se o VoMPLS devido à sua menor sobrecarga de cabeçalho. O tamanho do cabeçalho da VoMPLS está dividido em três partes: 4 bytes para o cabeçalho MPLS, 4 bytes para a carga útil da voz, que é múltiplo de 4 bytes e, eventualmente, serão necessários até 3 bytes de enchimento, como ilustrado na fig. 4.1 (Wright, D., 2002).

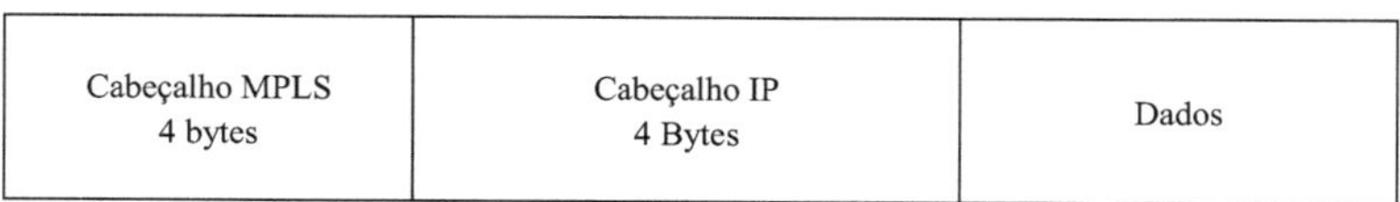

Cabeçalho MPLS 4 bytes	Cabeçalho IP 4 Bytes	Dados

Fig. 4.1 Cabeçalho MPLS sobre cabeçalho IP

O MPLS é uma técnica muito barata que permite uma melhor engenharia de tráfego, tal como o ATM e o frame relay, e que, ao colocar etiquetas nos pacotes, permite o encaminhamento dos pacotes IP através da rede MPLS (R. Harrell 2010). O próprio MPLS proporciona excelentes características de engenharia de tráfego, porque na rede central baseada em MPLS todo o encaminhamento e encaminhamento são efectuados com base em etiquetas. Esta caraterística de engenharia de tráfego do MPLS garante a utilização da largura de banda de uma rede. No caso de uma rede universitária superior, a funcionalidade de engenharia de tráfego MPLS é necessária para dois tipos diferentes de tráfego: voz e dados. No caso da rede do cliente, a largura de banda atribuída a cada campus é limitada, pelo que a funcionalidade MPLS de utilização da largura de banda é muito útil para o cliente no Paquistão.

A rede projectada para o cliente no Paquistão baseia-se em MPLS e tem um cabeçalho de encapsulamento PPP na camada 2. Como mostra a figura 4.2. Esta técnica de transmissão de voz através da rede baseada em MPLS é simples e flexível. O que significa que é simples de gerir e muito fácil se for necessário efetuar qualquer tipo de alteração. A conceção da rede e o seu funcionamento são explicados no capítulo seguinte.

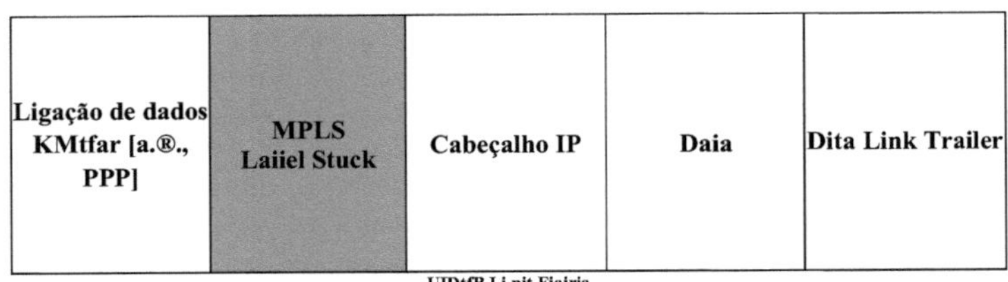

Fig.4.2

4.3 QoS para redes IP/MPLS:

A qualidade do serviço é o fator-chave de qualquer rede. Para a rede de demonstração do cliente no Paquistão, a qualidade do serviço é o seu principal objetivo. A Cisco definiu duas normas de QoS para redes baseadas em IP, nomeadamente IntServ (Integrated Services) e DiffServ (Differentiated Services). Mas quando se trata de redes baseadas em MPLS, a Cisco propôs as especificações da arquitetura DIffServ que suporta o MPLS. Mas ainda não foi proposta qualquer especificação da arquitetura IntServ que suporta MPLS (Cisco, 2010).

4.3.1 Bits experimentais:
Tal como referido no capítulo 3 sobre o LSR (Label Switched Router), estes encaminhadores não lêem os cabeçalhos IP durante a operação de encaminhamento. Assim, para marcar o tráfego numa rede baseada em MPLS, são utilizados 3 bits para este efeito, de modo a incluir a marca do pacote no seu cabeçalho. A funcionalidade do Diffserve é semelhante para os pacotes de etiquetas, tal como funciona para os pacotes baseados em IP (Cisco, 2010). A Cisco definiu estes três bits no pacote de etiquetas para identificar a classe de serviço. Mas, de acordo com a IETF, estes três bits estão reservados apenas para utilização experimental, pelo que são normalmente conhecidos como bits experimentais ou campo experimental. Assim, estes 3 bits são utilizados para marcar o tráfego, a fim de proporcionar qualidade de serviço à rede (E. Rosen, 2001).

4.3.2 E-LSP (Experimental-Label Switched Path):
O LSP (Label Switched Path) no qual o router infere a política de qualidade de serviço para os pacotes MPLS que é definida nos bits EXP do cabeçalho MPLS, estes LSPs são designados por E-LSPs. Diferentes classes de tráfego podem ser multiplexadas no mesmo E-LSP que utiliza os mesmos rótulos. Cada E-LSP pode suportar 8 classes diferentes de tráfego devido ao seu campo EXP de 3 bits. Este E-LSP é diferente do LSP normal. A diferença entre o E-LSP e o LSP deve-se ao mecanismo que implementa a qualidade do serviço através da utilização do DiffServ, em vez disso, todos os mecanismos de rotulagem e encaminhamento são os mesmos para o E-LSP e o LSP (Cisco, 2010). Para o cliente no Paquistão, o modelo de rede proposto tem qualidade de serviço, o que significa que o caminho comutado por etiquetas para a rede do cliente é basicamente um E-LSP.

4.3.3 Definição de bits experimentais:

O LSR (label switched router) de extremo que definiu o cabeçalho MPLS sobre o cabeçalho IP, que necessita de definir o campo EXP com um valor de acordo com o valor definido no cabeçalho IP para marcação do tráfego. Existem duas formas de definir o valor experimental no cabeçalho MPLS. Uma forma é o software cisco IOS copiar esses três bits de DSCP ou precedência IP do cabeçalho do pacote IP e defini-los no cabeçalho MPLS shim por defeito. Mas, dessa forma, no roteador de borda comutado por rótulo, o mapa de política de qualidade de serviço não mostra a política para o tráfego baseado em MPLS. Apenas mostra a política definida para o tráfego baseado em IP, porque este procedimento de definição da marca nos bits EXP é feito por defeito durante o encaminhamento do tráfego na rede. A outra opção para marcar o tráfego MPLS é configurá-lo no LSR de borda. Este mapeamento de políticas pode ser configurado de duas formas diferentes. Uma maneira é definir os bits experimentais MPLS usando o comando "set mpls experimental" e a outra maneira é usar o comando "Police". Desta forma, o LSR de extremo mostra o mapa de políticas de qualidade de serviço para o tráfego MPLS juntamente com a marcação, tal como é explicado no capítulo 6 em pormenor com imagens de ecrã. (F. Le Faucheur, 2002)

A tabela que se segue mostra a relação entre os valores DSCP dos pacotes IP e os valores experimentais dos pacotes MPLS. Aqui, a tabela mostra apenas a relação entre os valores DSCP e os valores experimentais porque, na rede do cliente, a marcação baseada no IP está no DSCP e é definida como valor experimental para os pacotes MPLS.

Classe	DSCP	EXP
Reservado para o tráfego do plano de controlo	Seletor de classes 7	7
Reservado para o tráfego do plano de controlo	Seletor de classes 6	6
Classe 1 (tráfego em tempo real)	EF	5
Classe 2	Seletor de classes 4	4
Classe 3 (tráfego conforme)	AF31	3
Classe 3 (tráfego excessivo)	AF32	2

Classe 3 (infração de trânsito)	AF33	1
Classe 4 (melhor esforço)	Predefinição	0

Tabela 4.1: Correspondência entre o DSCP e os valores experimentais

4.4 IPSLA (Acordo de Nível de Serviço do Protocolo Internet):

O acordo de nível de serviço do protocolo Internet é a funcionalidade introduzida pela Cisco no seu Cisco IOS (Internetwork Operating System). Isto ajuda os profissionais de rede a recolher informações sobre o desempenho da rede em tempo real.

A IPSLA fornece informações sobre diferentes campos relacionados com a rede que afectam o desempenho da mesma. Estes campos relacionados com a rede são o RTT (Round Trip Time), a latência, também conhecida como atraso de extremo a extremo, o Jitter, a perda de pacotes e, mais importante, o MOS (Mean Opinion Score). Assim, tendo em conta todas as informações, a IPSLA ajuda o administrador da rede a verificar a QoS (Qualidade de Serviço) da rede. A IPSLA foi especialmente concebida para WAN (Wide Area Networks) para verificar o desempenho da rede a grande distância.

(M. Rouse, 2013)

A razão para utilizar o IPSLA na rede de demonstração do cliente é verificar a qualidade do serviço nesta rede baseada em MPLS. Como já foi referido, a IPSLA informa sobre a latência (atraso de extremo a extremo) e o MOS (Mean Opinion Score), pelo que alcançar um MOS (Mean Opinion Score) elevado e reduzir o atraso de extremo a extremo, para voz e dados, é o principal objetivo deste projeto. De acordo com o modelo desenhado para a rede do cliente, IPSLA foi configurado nos roteadores de campus de ponta. Um router do campus será o remetente do pedido de estatísticas IPSLA e o outro router do campus será o respondente, de modo a obter o desempenho estatístico da rede de extremo a extremo.

4.5 Ferramentas de teste de rede:

Nesta dissertação, necessito de algumas ferramentas de base de software para efetuar algumas experiências para testar o modelo proposto para o cliente no Paquistão. Assim, as principais ferramentas que utilizei para testar a rede são as seguintes

> iPerf

> Ostrinato
> Wireshark

4.5.1 iPerf

O iPerf é uma ferramenta utilizada para medir a largura de banda total disponível na rede e a largura de banda consumida pelo tráfego UDP ou TCP (C. Partsenidis, 2010). Neste projeto, a razão para utilizar o iPerf é verificar a largura de banda total disponível, bem como verificar quanto uma chamada consome da largura de banda total. De acordo com a rede do cliente, o servidor é configurado num campus e o cliente é configurado no outro campus para testar a largura de banda disponível de ponta a ponta.

4.5.2 **Ostrinato:**

Ostrinato é o gerador e analisador de pacotes de rede de código aberto. Fornece a GUI (Graphical User Interface) adequada para gerar diferentes tipos de fluxos com diferentes protocolos a diferentes velocidades de transmissão de dados. Neste projeto, estou a utilizar o Ostrinato apenas para gerar tráfego FTP na rede de um campus para outro. Ao utilizar o Ostrinato, o tráfego FTP será gerado a diferentes velocidades de transmissão de dados para efetuar diferentes experiências de teste.

4.5.3 **Wireshark:**

O Wireshark é uma ferramenta de código aberto para monitorizar e analisar a rede. Neste projeto, a razão para utilizar o Wireshark é capturar o tráfego que circula na rede. A razão para capturar esse tráfego é verificar o cabeçalho MPLS e a marcação QoS dentro do cabeçalho MPLS e IPv4.

4.6 Conclusão:

Em conclusão, este capítulo contém informações sobre a forma como os pacotes de voz se deslocam na rede baseada em MPLS. Os diferentes métodos foram explicados acima, mas a forma mais adequada, de acordo com os requisitos do cliente, é adicionar o cabeçalho MPLS ao cabeçalho IPv4 e colocar etiquetas nos pacotes de voz. Em seguida, para definir a QoS para os diferentes tipos de tráfego que circulam na rede baseada em MPLS, o cabeçalho MPLS tem um campo de bits experimentais para transportar a marca de tráfego. Depois de ativar a marcação experimental para os pacotes de rótulos, o LSP (caminho comutado por rótulos) para esse pacote específico tornar-se-á E-LSP (caminho comutado por rótulos experimental). No final deste capítulo, são dadas informações sobre as ferramentas e tecnologias que serão utilizadas para testar a rede e efetuar diferentes experiências, como explicado nos capítulos 6 e 7.

Capítulo 5

Conceção e metodologia

5.1 Introdução:

Neste capítulo, será feita uma análise pormenorizada do modelo de rede concebido para a Universidade Superior do Paquistão. Esta conceção e metodologia contêm o modelo de rede central concebido para o cliente, que consiste num conjunto de encaminhadores. Este projeto de rede é basicamente a representação em laboratório do projeto original feito para o cliente no Paquistão, por outras palavras, será um modelo de rede de demonstração para a Universidade Superior do Paquistão. A segunda parte deste capítulo contém o projeto e a discussão do sistema VOIP, concebido para o cliente dentro dos campi. Será discutido como este projeto e esta metodologia são melhores e como satisfazem os requisitos do cliente em termos de transmissão de voz e dados.

5.2 Conceção e metodologia:

Tal como foi discutido nos capítulos anteriores em pormenor, o cliente deve conhecer as suas necessidades em relação à nova rede concebida e a localização dos campus universitários. O modelo concebido para a Universidade Superior do Paquistão baseia-se em duas partes diferentes. Uma parte da rede é concebida para o interior dos campi, que é basicamente um sistema VOIP para cada campus. A outra parte da rede é a rede central, que consiste em encaminhadores de campus e nuvem MPLS. A nuvem MPLS é constituída por três routers que se ligam entre si e formam uma topologia em anel. A conceção da rede é apresentada na figura 5.1. Este modelo proposto foi concebido de acordo com a recomendação da norma ITU G.8110. Esta norma fornece a técnica de comutação Ethernet utilizando a comutação generalizada de rótulos de múltiplos protocolos. Esta comutação é suportada por serviços de linha privada Ethernet e serviços de linha privada virtual. (L. Berger et al. Out, 2010). A razão para fazer a nuvem MPLS como uma topologia em anel é fornecer conexão de backup em caso de falha entre três campi.

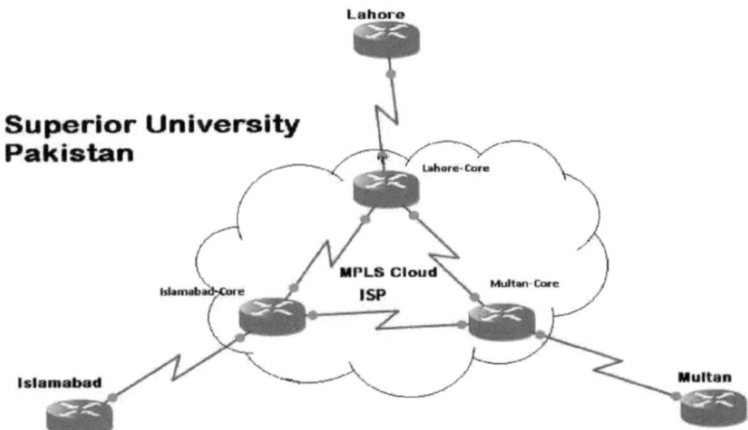

Fig. 5.1: Rede de núcleo da Universidade Superior

Os encaminhadores de extremo apresentados no modelo de rede proposto são basicamente encaminhadores de campus. Estes routers estão configurados em três campus em Lahore, Islamabad e Multan. As interfaces exteriores destes encaminhadores estão diretamente ligadas à nuvem MPLS. Isto significa que as interfaces exteriores destes encaminhadores também estão configuradas em MPLS. Inicialmente, os serviços MPLS serão obtidos junto de um fornecedor de serviços. Porque na nuvem MPLS há três routers ligados entre si sob a forma de topologia em anel. Com a ajuda desta rede concebida, podemos ultrapassar a falha de ligação. Uma vez que no MPLS existem LSP (label switched path), no caso desta rede, existem dois LSP. Um é o LSP primário e o outro é o LSP de reserva, como mostra a figura 5.2. A seleção do LSP de reserva na rede baseada em MPLS pode reduzir o número de saltos entre a origem e o destino, o que pode reduzir o atraso e proporcionar uma melhor qualidade de serviço de extremo a extremo (Dana, A. Et al. 2009).

LSP primário: O LSP primário é o caminho mais curto da origem ao destino, selecionado com base na FEC (classe de equivalência de encaminhamento) para um tipo de tráfego específico. Este caminho é definido na tabela de rotulagem para cada FEC.

LSP de backup: O LSP de backup é o caminho alternativo da origem ao destino. O MPLS possui um recurso para gerar LSP de backup para cada FEC (Forwarding Equivalence Class). Caso ocorra algum problema no LSP primário, os pacotes utilizam o LSP de backup da origem ao destino.

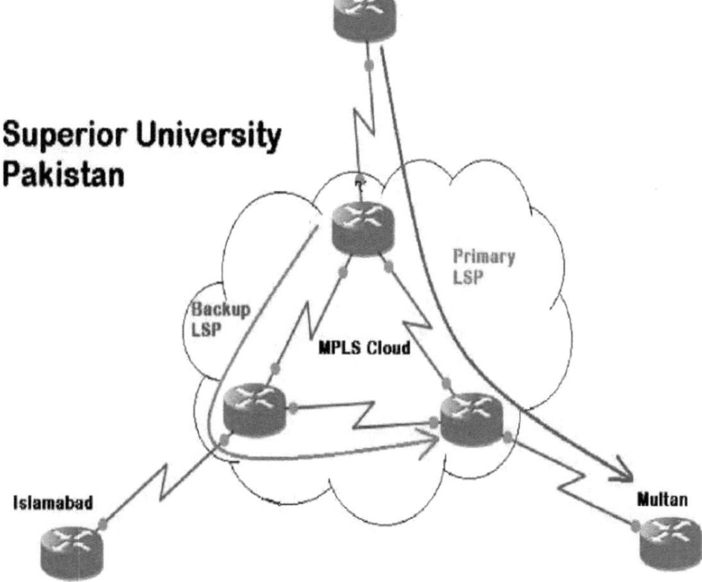

Fig. 5.2: Caminho do comutador de etiquetas primário e de reserva numa rede baseada em MPLS

No modelo de rede acima apresentado, todos estes encaminhadores estão a funcionar como LSR (Label Switch Routers). Tal como se explica no capítulo 3, no ponto 3.3.6, sobre os tipos de encaminhadores na rede baseada em MPLS. Todos estes encaminhadores de extremo funcionam como encaminhadores de entrada e de saída numa conceção de topologia completa. Porque o encaminhador que transmite o tráfego colocando etiquetas em cada pacote é conhecido como encaminhador de entrada. E os routers de saída são os routers que recebem tráfego sem etiquetas do penúltimo router. Para explicar os tipos de router na rede MPLS, seleccionemos um LSP (Label Switched Path) da origem ao destino, como mostra a figura 5.3.

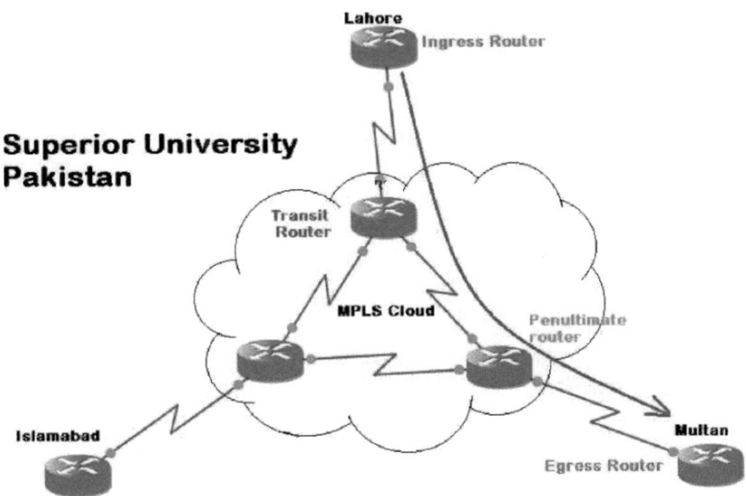

Fig. 5.3 Tipos de routers numa rede baseada em MPLS

No diagrama acima apresentado, o tráfego vem do campus de Lahore para o campus de Multan. Assim, o encaminhador de borda no campus de Lahore está a funcionar como encaminhador de entrada, que coloca a etiqueta em cada pacote e o encaminha para o encaminhador de trânsito. O encaminhador de trânsito é o encaminhador intermédio que está situado na nuvem MPLS. Recebe o pacote de etiquetas do encaminhador de entrada e encaminha-o para o próximo salto. De acordo com o diagrama topológico, o penúltimo encaminhador do próximo salto é o penúltimo encaminhador da rede MPLS. Quando recebe o pacote de etiquetas, retira a etiqueta desse pacote e encaminha-o para o encaminhador de destino, que é conhecido como encaminhador de saída. Assim, o router do campus de Multan funciona como router de saída neste LSP (label switched path) selecionado, como mostra a figura acima.

Considerando o tráfego gerado por cada campus para o modelo demonstrativo, então o link de 768kbps é adequado para conectar todos esses campi entre si. Assim, a ligação entre cada router pode suportar uma velocidade de transmissão de dados até 768 kbps. No original, a largura de banda disponível para a rede do cliente no Paquistão será de 100MB, o que pode facilmente transportar um grande número de chamadas e o volume de dados de um campus para outro. A razão para selecionar 768kbps para o modelo de rede experimental é produzir congestionamento e testar a qualidade do serviço na rede. O capítulo 7 apresenta mais pormenores sobre a largura de banda e o teste da rede de demonstração.

5.2.1 Esquema de endereçamento IP para o modelo de rede:
Este subtítulo contém o esquema completo de endereçamento IP para a rede de demonstração do cliente e o desenho completo da rede da Universidade Superior do Paquistão. O quadro 5.1 apresenta o esquema de endereçamento IP para a rede do cliente.

Redes	Endereço de rede	Endereço de difusão
Campus de Lahore	Dados: 192.168.10.0/24 Voz: 192.168.15.0/24	Dados: 192.168.10.255/24 Voz 192.168.15.255/24
Campus de Multan	Dados: 192.168.4.0/24 Voz: 192.168.3.0/24	Dados: 192.168.4.255/24 Voz: 192.168.3.255/24
Campus de Islamabad	Dados: 192.168.5.0/24 Voz: 192.168.6.0/24	Dados: 192.168.5.255/24 Voz: 192.168.6.255/24
Lahore - LHR-Core	117.52.85.0/30	117.52.85.3/30
Multan - MUL-Core	202.125.164.0/30	202.125.164.3/30
Islamabade - ISL-Core	116.58.63.0/30	116.58.63.3/30
LHR-Core - ISL-Core	10.1.1.0/30	10.1.1.3/30
---------------- ISL-CoreMUL-Core	10.1.1.4/30	10.1.1.7/30
LHR-Core ----- MUL-Core	10.1.1.8/30	10.1.1.11/30

Tabela 5.1: Esquema de endereçamento IP para a rede protótipo

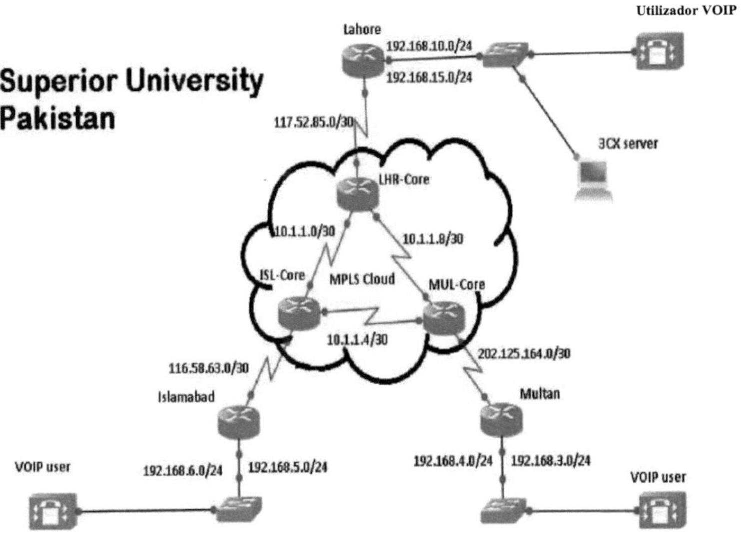

Fig. 5.4: Endereços IP no projeto de rede protótipo

5.3 Conceção de um sistema VOIP:

O objetivo básico do seu projeto é fornecer o melhor sistema VOIP ao cliente no Paquistão. Este sistema VOIP deve garantir uma elevada qualidade de serviço e um atraso mínimo de ponta a ponta. A rede principal foi definida em pormenor no tópico anterior, que é uma rede baseada em MPLS. Agora, neste tópico, será discutido o sistema VOIP que é implementado dentro dos campus.

Na universidade, há pessoal académico e não académico em cada campus. Os pormenores sobre os utilizadores em cada campus são apresentados no quadro seguinte. Todo o pessoal de gestão e administração dentro do campus é basicamente pessoal não académico e o professor, o chefe de departamento estão todos incluídos no pessoal académico.

O projeto proposto para o sistema VOIP é simples e fácil de gerir. Como o campus de Lahore da Universidade Superior foi o primeiro campus, este será considerado o campus principal da rede superior. O PBX IP será configurado aqui, que trata da comutação de chamadas entre todos os campi e utilizadores. Este PBX IP será um servidor de base de software designado por servidor 3CX. O 3CX é o PBX IP baseado em software. Este PBX de base de software tem capacidade para gerir grandes sistemas VOIP. Os utilizadores de todos os outros campi estão ligados a este PBX com a ajuda de uma rede central baseada em MPLS. Segue-se a captura de ecrã 1 do servidor 3cx, que contém todas as extensões dos três campus.

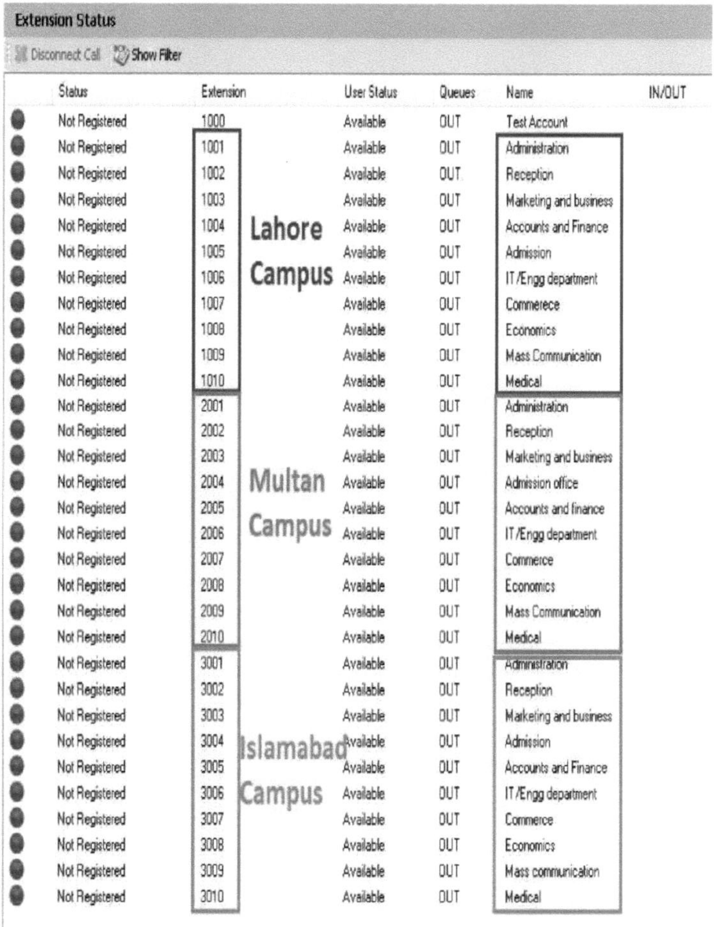

Extension Status

Status	Extension	User Status	Queues	Name	IN/OUT
Not Registered	1000	Available	OUT	Test Account	
Not Registered	1001	Available	OUT	Administration	
Not Registered	1002	Available	OUT	Reception	
Not Registered	1003	Available	OUT	Marketing and business	
Not Registered	1004	Available	OUT	Accounts and Finance	
Not Registered	1005	Available	OUT	Admission	
Not Registered	1006	Available	OUT	IT /Engg department	
Not Registered	1007	Available	OUT	Commerece	
Not Registered	1008	Available	OUT	Economics	
Not Registered	1009	Available	OUT	Mass Communication	
Not Registered	1010	Available	OUT	Medical	
Not Registered	2001	Available	OUT	Administration	
Not Registered	2002	Available	OUT	Reception	
Not Registered	2003	Available	OUT	Marketing and business	
Not Registered	2004	Available	OUT	Admission office	
Not Registered	2005	Available	OUT	Accounts and finance	
Not Registered	2006	Available	OUT	IT /Engg department	
Not Registered	2007	Available	OUT	Commerce	
Not Registered	2008	Available	OUT	Economics	
Not Registered	2009	Available	OUT	Mass Communication	
Not Registered	2010	Available	OUT	Medical	
Not Registered	3001	Available	OUT	Administration	
Not Registered	3002	Available	OUT	Reception	
Not Registered	3003	Available	OUT	Marketing and business	
Not Registered	3004	Available	OUT	Admission	
Not Registered	3005	Available	OUT	Accounts and Finance	
Not Registered	3006	Available	OUT	IT /Engg department	
Not Registered	3007	Available	OUT	Commerce	
Not Registered	3008	Available	OUT	Economics	
Not Registered	3009	Available	OUT	Mass communication	
Not Registered	3010	Available	OUT	Medical	

Captura de ecrã 1: Todas as extensões dos três campi da Universidade Superior do Paquistão

O tráfego de voz e de dados está a deslocar-se de campus para campus ou dentro de um campus. Por este motivo, foram criadas VLANs para voz e dados no comutador que está ligado ao router de extremo do campus. Isto pode ajudar-nos a reduzir os custos e os esforços de engenharia para criar uma arquitetura de rede dentro da organização (Lin Qi. Et al. 2012). Além disso, podemos proporcionar uma melhor segurança a toda a rede através da utilização de VLANs. A arquitetura de rede básica para o sistema VOIP é apresentada na Fig. 5.4.

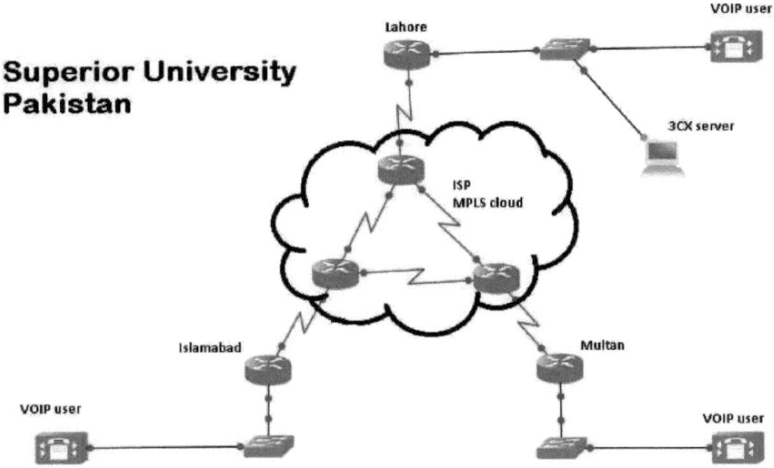

Fig. 5.5 Protótipo completo de rede para o cliente

Conclusão:

Para concluir, o capítulo contém informações sobre a metodologia utilizada para conceber a rede da Universidade Superior do Paquistão. Este modelo demonstrativo baseia-se em 6 encaminhadores, três dos quais funcionam como encaminhadores do campus e três funcionam como rede central. A razão para criar este tipo de modelo de rede é fornecer LSP de reserva ao cliente. Em seguida, explica-se que, da origem ao destino na rede MPLS, existem diferentes tipos de encaminhadores, que são classificados de acordo com a sua funcionalidade: encaminhadores de entrada, de trânsito, de penúltimo e de saída. No final do capítulo, é feita uma explicação sobre o sistema VOIP, criado com a utilização do servidor 3CX, configurado no campus de Lahore da Universidade Superior do Paquistão.

Capítulo 6

Implementação

6.1 Introdução:

O último capítulo descreve tudo sobre a conceção e a metodologia utilizadas para construir um modelo de rede demonstrativo para a Universidade Superior do Paquistão. Este capítulo contém pormenores sobre o modelo de rede principal e a conceção da rede do campus para o cliente no Paquistão.

Este capítulo descreve a implementação do modelo de rede para o cliente. Este capítulo de implementação divide-se em várias partes: em primeiro lugar, é explicado o problema encontrado durante a implementação deste modelo de rede num equipamento real. Em seguida, explica-se a configuração principal e os objectivos da utilização dessa configuração na rede do cliente. Assim, depois de construir um modelo de rede para o cliente, é altura de avaliar ou testar a rede para mostrar que esta conceção satisfaz ou não os requisitos do cliente, pelo que, neste capítulo, o plano e a estratégia de teste serão explicados em pormenor, indicando que tipo de tecnologia e métodos serão utilizados para testar a rede do cliente.

6.2 Problemas encontrados:

Durante a implementação da rede do cliente num kit real, deparei-me com muitos problemas diferentes. Alguns dos problemas estão relacionados com a implementação do hardware e outros com a configuração da rede baseada em MPLS com QoS e gestão da largura de banda para diferentes tipos de tráfego. Alguns dos principais problemas são os seguintes

1. Utilização de uma porta de tronco para ligar o router e o switch
2. QoS para MPLS
3. Marcação de tráfego para MPLS
4. Configurar a sessão de monitorização na rede
5. Gerar tráfego em Ostrinato
6. Ligações de série

6.1.1 Utilização da porta de tronco do comutador:

Foi explicado no último tópico do capítulo anterior que, para o interior do campus, a rede de demonstração consiste num switch e num número de dispositivos. As VLANs foram configuradas no switch para dados e voz. Para este efeito, foram configuradas sub-interfaces nos routers de extremidade do campus. Assim, neste cenário, se ligarmos o router ao comutador utilizando a porta Ethernet rápida normal do comutador, não conseguimos obter a conetividade entre o router e o comutador. Assim, para este efeito, utilizei a porta Gi0/1 do comutador para ligar ao router e configurá-la como porta de tronco depois de fazer isso, o DHCP que está configurado nas subinterfaces do router está a funcionar corretamente. A porta de tronco do comutador é utilizada para transmitir todas as informações sobre VLANs configuradas entre comutadores (S. McQuerry, 2003).

6.1.2 QoS para MPLS:

O principal objetivo deste projeto é garantir a qualidade do serviço de voz e dados através da rede MPLS para o cliente no Paquistão. Antes, eu estava a implementar a QoS na topologia projectada, utilizando a mesma configuração de Qualidade de Serviço que utilizamos para os pacotes baseados em IP. Mas essa QoS não está a funcionar para esta rede baseada em MPLS. No capítulo 4 do presente relatório, é referido que a rede MPLS tem pacotes de etiquetas e que, nos pacotes de etiquetas, existe um campo dedicado de 3 bits para marcar o tráfego. Assim, o método de implementação da QoS para os pacotes de etiquetas é um pouco diferente do utilizado para os pacotes IP. Com efeito, para os pacotes de etiquetas, a Cisco acaba de introduzir a norma DiffServ. Mas a marcação DSCP e a marcação para pacotes de rótulos são diferentes, o que será explicado no próximo tópico. Para redes baseadas em MPLS, ainda não há nenhuma técnica de enfileiramento introduzida pela Cisco. Portanto, para MPLS, só podemos gerenciar e utilizar a largura de banda da rede de acordo com o tipo de tráfego.

6.1.3 Marcar o tráfego para MPLS:

A marcação de pacotes de etiquetas numa rede baseada em MPLS é diferente da marcação DSCP. Para marcar os pacotes de etiquetas, a Cisco introduziu um campo de 3 bits no cabeçalho da etiqueta para marcar o tráfego. Antes, eu estava a marcar o meu tráfego utilizando o valor DSCP, mas essa política para a rede concebida não estava a funcionar. Foi então que fiz uma pesquisa para encontrar a solução. Estes três bits do cabeçalho MPLS são designados por bits experimentais, através dos quais podemos marcar 8 tipos diferentes de tráfego com a mesma etiqueta. A tabela apresentada no capítulo 4 explica a marcação de DSCP e Experimental. Assim, de acordo com isso, configurei a voz como o tráfego mais prioritário. Esta marcação é explicada em pormenor mais à frente neste capítulo.

6.1.4 Configurar a sessão de monitorização numa rede:

O principal objetivo deste projeto é proporcionar qualidade de serviço à rede baseada em MPLS ou, por outras palavras, aos pacotes de etiquetas. Depois de configurar a política de entrada de QoS, não podemos ver a marcação experimental do pacote de etiquetas no destino, porque o cabeçalho MPLS foi removido do pacote no penúltimo router, que se situa antes do router de saída. Assim, para capturar o tráfego para a verificação da marcação experimental, é necessário configurar a sessão de monitorização no meio da topologia, como mostra a figura 6.1 abaixo.

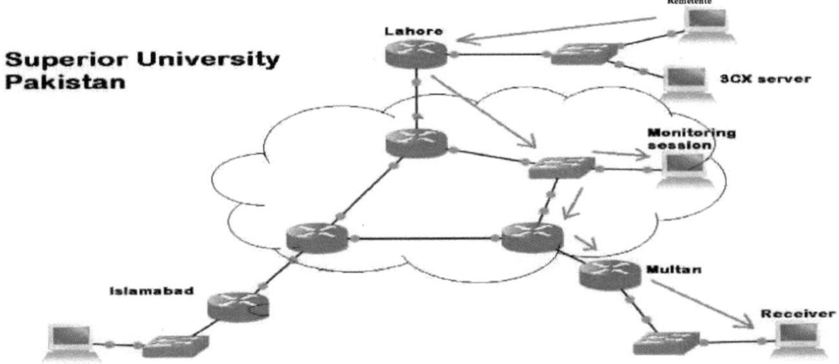

Fig. 6.1: Sessão de monitorização

A figura acima mostra que a sessão de monitorização está configurada na nuvem MPLS para que possamos capturar o tráfego na nuvem utilizando o Wireshark. E verificar se o cabeçalho MPLS está lá, com a marca experimental QoS, enquanto se desloca do emissor para o recetor.

6.1.5 Gerar tráfego em Ostinato:

O capítulo 4 explica em pormenor o que é o Ostrinato. Trata-se de um gerador de tráfego destinado a gerar tráfego FTP na rede para realizar diferentes experiências. Para testar a rede, o tráfego é gerado a partir do campus de Lahore e recebido no campus de Multan. Assim, ao colocar os endereços Mac, estava a utilizar o endereço da porta do comutador como endereço Mac de destino. Mas, do lado do remetente, o endereço Mac de origem será o endereço Mac do PC e o endereço Mac de origem será o endereço Mac da porta do router.

Mas no caso do endereço IP, o endereço IP de origem será o endereço do PC emissor e o endereço IP de destino será o endereço IP do PC recetor. É apresentado na figura abaixo.

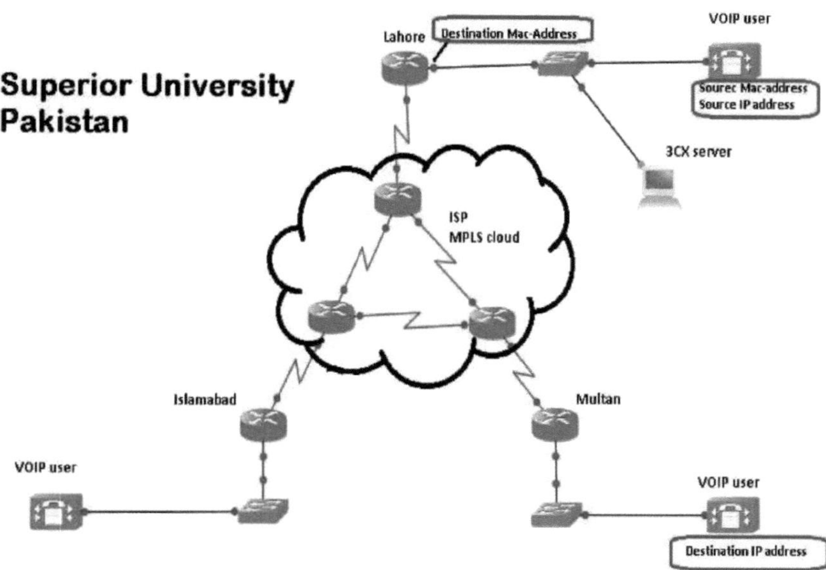

Fig 6.2 Endereço de origem e destino para Ostrinato

6.1.6 Ligações de série:

O modelo demonstrativo proposto baseia-se em ligações em série. Para efeitos de teste, estou a definir a largura de banda total da minha rede como 768 kbps, pelo que, de acordo com isso, a velocidade de relógio deve ser 768000 no lado DCE. No laboratório, os routers têm dois tipos diferentes de placas de série: 2A/S e 2T. A porta 2A/S não suporta uma velocidade de transmissão de dados superior a 128 kbps, pelo que não posso utilizar esta placa de série na minha rede. Ao implementar a rede de demonstração do cliente, tenho de selecionar o router em que está disponível a placa série 2T. Porque a placa de série 2T pode suportar uma velocidade de relógio até 1,544 Mbps.

6.3 Configuração e explicação:

Depois de explicar todos os principais problemas que foram enfrentados durante a implementação da rede do cliente, neste tópico é feita a descrição das principais configurações e a sua explicação sobre o funcionamento destas configurações e o seu significado. Antes de ser explicado em pormenor que esta rede demonstrativa é uma rede baseada em MPLS para o sistema VOIP e dados, o que proporciona uma melhor qualidade de serviço ao tráfego. Assim, neste tópico, é apresentado o resumo das principais configurações relacionadas com a política MPLS e QoS concebida para o tráfego de entrada e de saída.

6.3.1 Configuração MPLS:

Para configurar o MPLS nos routers, existem três comandos básicos utilizados para diferentes fins. Temos de os dar em todas as interfaces do router que estão ligadas à nuvem MPLS ou a parte da nuvem MPLS. Estes comandos são os seguintes

- mpls ip
- protocolo de etiquetas mpls ldp
- mpls mtu 1500

O primeiro comando **'mpls ip'** é utilizado para configurar a etiqueta MPLS na interface de um router que já está configurado com IPv4.

Em seguida, o segundo comando **"mpls label protocol ldp"**, uma vez que utilizamos protocolos de encaminhamento unicast para o IPv4, tem o seu próprio protocolo designado por LDP (label Distribution Protocol). Com a ajuda deste protocolo, todas as interfaces activadas pelo mpls reencaminham as suas etiquetas para os routers vizinhos. Este é considerado o comando principal do MPLS porque cria a tabela de encaminhamento num router para encaminhar pacotes de etiquetas através da rede MPLS. As capturas de ecrã apresentadas no apêndice mostram como o pacote IP é

O terceiro comando está relacionado com a MTU (Maximum Transmission Unit - unidade máxima de transmissão), que indica o tamanho do pacote que vai ser transmitido através da rede. Como já foi explicado, o tamanho do pacote em MPLS é ligeiramente superior ao dos pacotes IP devido ao cabeçalho MPLS. O comando **'mpls mtu 1500'** significa que o pacote IP tem o tamanho de 1492, pelo que, se adicionarmos 8 bytes para os pacotes de etiquetas, passa a 1500 (cisco, 2007).

6.3.2 Configuração de QoS para MPLS:

A diferença na configuração da qualidade do serviço para a rede MPLS reside apenas na marcação do tráfego. Isto significa que a política de entrada da qualidade do serviço para a rede mpls é diferente da rede baseada em IP. No capítulo 4, é apresentada em pormenor a diferença de marcação do tráfego no valor dscp e nos valores experimentais mpls. O quadro 4.1 do capítulo 4 mostra a correspondência entre o valor dscp e os valores experimentais para marcar o tráfego. Mas, na topologia concebida para o cliente, também é necessário marcar o tráfego com valores DSCP, porque na rede baseada em MPLS o cabeçalho MPLS é removido no penúltimo router, pelo que, para gerir o tráfego entre o penúltimo router e o router de saída, é necessária a marcação DSCP para evitar congestionamentos e perda de pacotes. É necessário configurar a política de QoS apenas no router do campus do cliente. Esta configuração da política de entrada para a rede do cliente é apresentada no apêndice.

Ao criar a política de saída para a rede baseada em MPLS, distribui a largura de banda pelos diferentes tipos de tráfego, porque o objetivo deste projeto era conseguir uma melhor utilização da largura de banda. Para o tráfego de voz, é activada a funcionalidade de prioridade da qualidade do serviço. Assim, para criar a rede de demonstração para o cliente, configurei a política de saída para o cliente, activei a prioridade para o meu tráfego VOIP e atribuí 45% da largura de banda total ao tráfego VOIP. O resto de todos os tráfegos não são prioritários, apenas têm uma porção de largura de banda e enfileiramento baseado em classes para evitar a queda de pacotes. 25% da largura de banda é para o tráfego FTP e 15% para a sinalização e outros protocolos, sendo o resto da largura de banda para o tráfego por defeito. O quadro seguinte apresenta o resumo da política de QoS concebida para o cliente. Este esquema de marcação é concebido de acordo com as normas recomendadas pela IETF para garantir que este esquema de marcação pode satisfazer os requisitos do cliente (F. Baker, 2010).

Tipo de tráfego	Marca DSCP	Valor de exp	Largura de banda	Prioridade	Fila de espera
Voz	ef	5	45%	Sim	Não
FTP	Af42	4	25%	Não	Baseado na classe
Protocolo	Af31	3	15%	Não	Baseado na classe
Ping	AF21	2	10%	Não	Não
Predefinição	Não	Não	5%	Não	Não

Tabela 6.1: Política de QoS para pacotes IP e Label

6.4 Plano de testes:

O teste da rede baseia-se no MOS (Mean Opinion Score), que mostra a qualidade da voz. Para verificar a pontuação da opinião média para a voz na minha rede, planeei realizar 4 experiências diferentes. Os resultados destas experiências serão apresentados utilizando o IP SLA e verificando o mapeamento de políticas na interface. Os resultados e a discussão pormenorizada estão disponíveis no capítulo 7 do presente relatório. O plano de testes para realizar estas quatro experiências é o seguinte

1. Mantendo a largura de banda restrita a 768kbps geramos 4 chamadas sem qualquer qualidade de serviço configurada nos routers. Nesta experiência, tudo deve ser bom. Não deve haver nenhuma queda de pacotes e o MOS (Mean Opinion Score) também deve ser bom.
2. Mantendo tudo igual à experiência 1, gerar 4 chamadas sem qualquer qualidade de serviço disponível numa largura de banda limitada e também gerar tráfego FTP no Ostrinato deve afetar a qualidade da chamada de voz e também deve haver queda de pacotes.
3. A experiência 3, baseada na configuração da qualidade do serviço nos encaminhadores, mantendo a mesma largura de banda, gera 4 chamadas e o resultado deve ser excelente: o tempo de viagem de ida e volta deve ser menor, o Mean Opinion Score deve ser excelente e não deve haver nenhuma queda de pacotes.
4. A experiência 4 será efectuada nas mesmas condições que a experiência 3, mas também gerará

tráfego FTP na Ostrinato. Desta vez, não deve haver qualquer queda de pacotes e o Mean Opinion Score deve ser excelente.

6.5 Conclusão:

Em conclusão, todo o capítulo está relacionado com a implementação do modelo de rede para o cliente. Durante a implementação da rede, registaram-se alguns problemas, que são os seguintes Utilização da porta de tronco na ligação ao router se as VLAN estiverem configuradas no comutador, criação de uma política de qualidade do serviço para a rede MPLS devido à funcionalidade MPLS, marcação do tráfego, política de filas de espera, etc., que são diferentes das da rede baseada em IP. Outro problema é selecionar um local para configurar a sessão de monitorização no interior da rede, a fim de verificar a marcação da QoS no interior do pacote. A geração de tráfego FTP no ostrinato e a utilização de ligações em série também constituíram problemas. Em seguida, são dadas informações pormenorizadas sobre os principais comandos utilizados no MPLS e é explicada a conceção da política de QoS para os pacotes IP e de etiquetas. A política de QoS baseia-se na marcação do tráfego, na distribuição da largura de banda e na colocação em fila de espera para o tipo de tráfego selecionado. No final, é explicado o plano de testes, que se baseia em quatro experiências diferentes. Duas destas experiências serão efectuadas sem QoS na rede e duas delas com QoS no modelo de rede.

Capítulo 7

Avaliação:

Este capítulo contém os resultados das experiências efectuadas para testar o modelo de rede implementado em laboratório. Estes resultados serão explicados através de imagens de ecrã. No capítulo anterior, foi explicado o plano e a estratégia de teste utilizados para testar a rede do cliente. Este teste baseia-se em 4 experiências principais. Neste capítulo, ao explicar estes resultados, será discutido o mapa de políticas concebido para diferentes tipos de tráfego. As 4 experiências principais que serão explicadas neste capítulo são as seguintes

1. Chamadas VOIP na rede sem qualquer Qualidade de Serviço
2. Chamadas VOIP e tráfego FTP na rede sem qualquer qualidade de serviço
3. Chamadas VOIP na rede com qualidade de serviço
4. Chamadas VOIP e tráfego FTP na rede com qualidade de serviço

Antes de explicar todas estas experiências, é necessário ter em conta a largura de banda que uma chamada consome da largura de banda total disponível. Como se calcula utilizando o "iperf", a largura de banda consumida por 4 chamadas é de 284 kbps em média e, se a dividirmos em 4 chamadas, a largura de banda total necessária para uma chamada é de 71 kbps em média. Assim, tendo em conta todos estes factores, para o modelo de rede demonstrativo no laboratório, a largura de banda total da origem ao destino é fixada em 768 kbps. Para realizar as experiências, é necessário produzir congestionamentos na rede para verificar a qualidade da voz utilizando o MOS (Mean Opinion Score).

7.1 Experiência 1 (chamadas VOIP sem QoS):

A largura de banda para toda a rede foi fixada em **768 kbps.** Com esta largura de banda disponível, gerei 4 chamadas, que atravessaram a rede com êxito, e a qualidade da voz pode ser verificada utilizando o MOS (Mean Opinion Score). Assim, o MOS para 4 chamadas foi de 4,34, que é o MOS máximo que podemos obter para a voz através da rede e não houve qualquer queda de pacote para a voz. Os resultados são apresentados nas capturas de ecrã abaixo.

A captura de ecrã apresentada abaixo mostra que também não existe qualquer perda de pacotes.

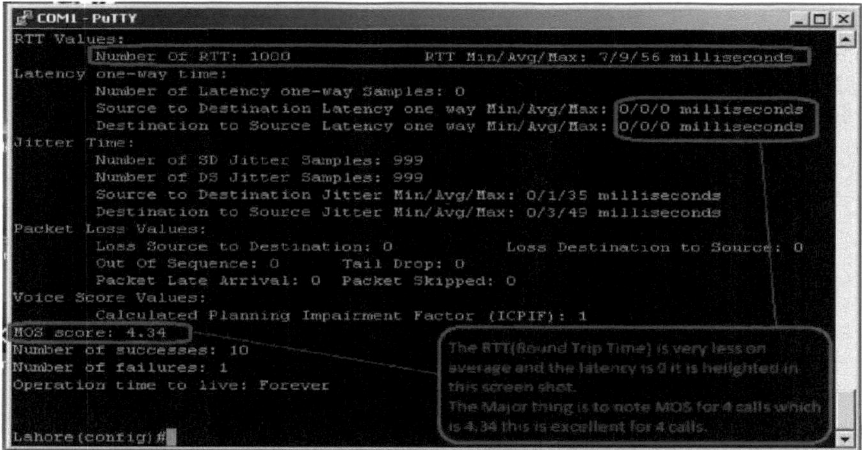

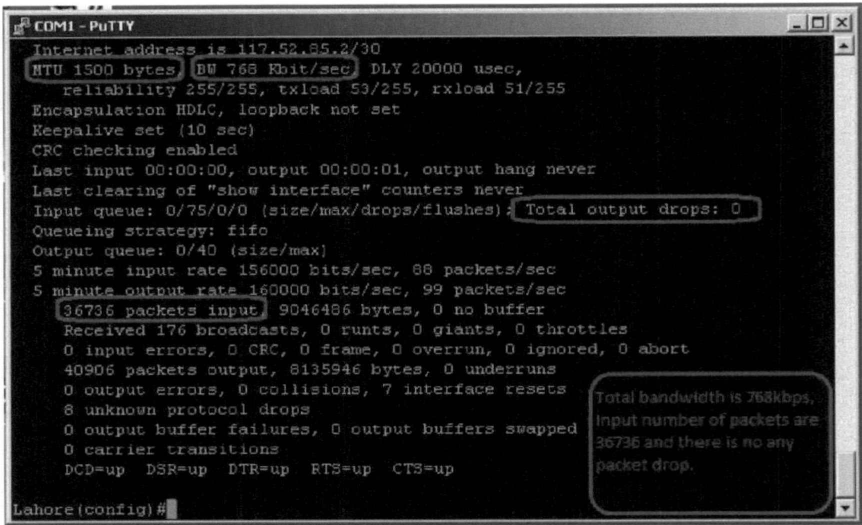

Captura de ecrã 1 Indicação do MOS para voz Captura de ecrã 2: Sem perda de pacotes de extremo a extremo

7.2 Experiência 2 (chamadas VOIP e tráfego FTP sem QoS):

A experiência 2 foi efectuada mantendo a largura de banda igual a **768kbps. Gerei** 4 chamadas e tráfego do tipo FTP no Ostrinato de acordo com a largura de banda disponível para transportar todo o tráfego. Mas não havia nenhuma qualidade de serviço configurada nos dispositivos, pelo que o MOS para voz desceu para 3,15, o que não é um bom MOS para voz, e também tive algumas quedas de pacotes. As capturas de ecrã seguintes mostram os resultados desta experiência 2.

Esta experiência mostra que o congestionamento está na rede, razão pela qual, durante este período, o

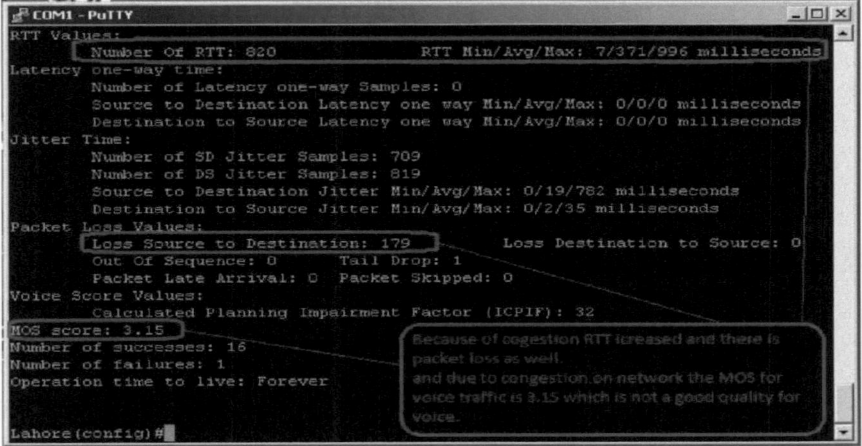

experimentei quedas de pacotes durante a transmissão, como mostra a captura de ecrã abaixo.

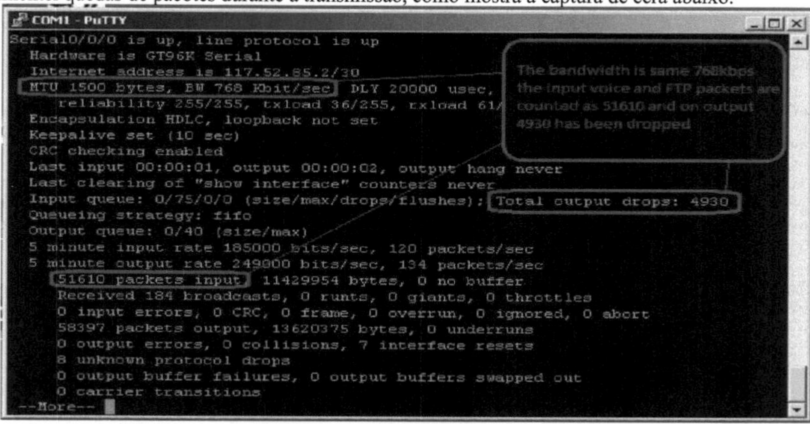

Captura de ecrã 3: MOS para voz durante o congestionamento Captura de ecrã 4: Queda de pacotes devido a congestionamento

7.3 Política de QoS nos routers do Campus:

Antes de explicar as experiências 3 e 4, a imagem de ecrã acima mostra a política de QoS definida para cada tipo de tráfego na interface dos routers do campus. O quadro desta política é apresentado no capítulo 6, quadro 6.1, e a captura de ecrã do mapa de políticas é apresentada no apêndice. Para verificar a marcação do tráfego, são capturados diferentes pacotes no wireshark como sessão de monitorização. A posição da sessão de controlo é mostrada na figura 6.1 do capítulo 6. O capítulo 6 define a marcação de tráfego na tabela 6.1 e a distribuição da largura de banda entre os diferentes tipos de tráfego. As capturas de ecrã apresentadas abaixo neste tópico mostram que a política está activada e pronta a ser testada para satisfazer os requisitos do cliente.

7.3.1 Verificação de marcação nos pacotes capturados:

As capturas de ecrã apresentadas a seguir mostram que a marcação do tráfego está em conformidade com a norma IETF, pelo que o modelo proposto pode satisfazer os requisitos do cliente. Assim, neste tópico, para a verificação da política de QoS concebida para o cliente, são adicionadas diferentes capturas de ecrã como prova.

O pacote ICMP é marcado com a marca mais baixa de DSCP e com o valor Experimental, como mostra a captura de ecrã 5 abaixo.

O pacote RTP (Real Time Protocol) é o pacote de voz que se desloca de um campus para outro campus. Este pacote recebe a classificação mais elevada de todos os tráfegos, como se pode ver na captura de ecrã 6 abaixo.

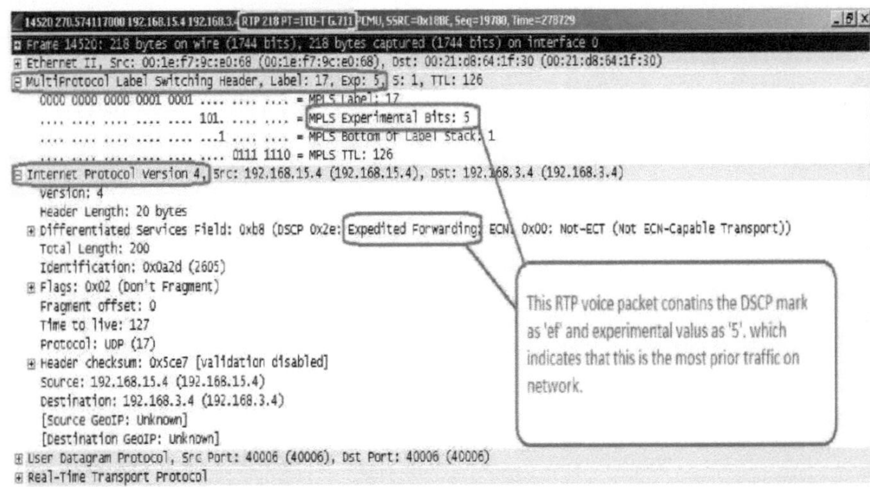

Captura de ecrã 6: Pacote RTP a ser transmitido de um campus para outro

A marcação do tráfego é sempre mencionada na interface de entrada da rede, a partir da qual o tráfego entra na rede. Mas a política de distribuição da largura de banda e de enfileiramento é sempre definida na interface de saída da rede, de acordo com o resumo apresentado no quadro 6.1. A política de saída na interface é apresentada na captura de ecrã 7.

Captura de ecrã 5: Pacote Ping de um campus para outro

```
Class-map: RealTime (match-all)
  8864 packets, 1812140 bytes
  5 minute offered rate 238000 bps, drop rate 0 bps
  Match: mpls experimental topmost 5
  Match:  dscp ef (46)
  Priority: 45% (345 kbps)  burst bytes 8600, b/w exceed drops: 0


Class-map: FTP1 (match-all)
  0 packets, 0 bytes
  5 minute offered rate 84000 bps, drop rate 0 bps
  Match: mpls experimental topmost 4
  Match:  dscp af42 (36)
  Queueing
  queue limit 256 packets
  (queue depth/total drops/no-buffer drops/flowdrops) 0/0/0/0
  (pkts output/bytes output) 0/0
  bandwidth 25% (192 kbps)
  Fair-queue: per-flow queue limit 64

Class-map: NetProtocol (match-any)
  11 packets, 2085 bytes
  5 minute offered rate 0 bps, drop rate 0 bps
  Match: protocol eigrp
    11 packets, 2085 bytes
    5 minute rate 0 bps
  Match: mpls experimental topmost 3
    0 packets, 0 bytes
    5 minute rate 0 bps
  Match:  dscp af31 (26)
    0 packets, 0 bytes
    5 minute rate 0 bps
  Queueing
  queue limit 128 packets
  (queue depth/total drops/no-buffer drops/flowdrops) 0/0/0/0
  (pkts output/bytes output) 11/704
  bandwidth 15% (115 kbps)
  Fair-queue: per-flow queue limit 32

Class-map: class-default (match-any)
  1830 packets, 298710 bytes
  5 minute offered rate 43000 bps, drop rate 0 bps
  Match: any
  Queueing
  queue limit 256 packets
  (queue depth/total drops/no-buffer drops/flowdrops) 0/0/0/0
  (pkts output/bytes output) 1830/299465
  Fair-queue: per-flow queue limit 64
```


Captura de ecrã 7: Indicação da política de saída para o tráfego

7.4 Experiência 3 (chamadas VOIP com QoS):

A experiência 3 é semelhante à experiência 1, mas esta experiência foi efectuada activando o QoS para a voz na rede. Assim, o MOS foi de 4,34 e também não houve queda de pacotes. Os resultados obtidos pela IPSLA são os seguintes

```
Lahore#
Lahore#
Lahore#sh ip sla stat 10
IPSLAs Latest Operation Statistics

IPSLA operation id: 10
Type of operation: udp-jitter
        Latest RTT: 9 milliseconds
Latest operation start time: *10:11:57.231 UTC Thu Apr 30 2015
Latest operation return code: OK
RTT Values:
        Number Of RTT: 1000                RTT Min/Avg/Max: 7/9/34 milliseconds
Latency one-way time:
        Number of Latency one-way Samples: 0
        Source to Destination Latency one way Min/Avg/Max: 0/0/0 milliseconds
        Destination to Source Latency one way Min/Avg/Max: 0/0/0 milliseconds
Jitter Time:
        Number of SD Jitter Samples: 999
        Number of DS Jitter Samples: 999
        Source to Destination Jitter Min/Avg/Max: 0/1/13 milliseconds
        Destination to Source Jitter Min/Avg/Max: 0/2/15 milliseconds
Packet Loss Values:
        Loss Source to Destination: 0            Loss Destination to Source: 0
        Out Of Sequence: 0        Tail Drop: 0
        Packet Late Arrival: 0  Packet Skipped: 0
Voice Score Values:
        Calculated Planning Impairment Factor (ICPIF): 1
MOS score: 4.34
Number of successes: 3
Number of failures: 0
Operation time to live: Forever
```


Screen Shot8: Estatísticas IPSLA para a voz com QoS ativado

Depois de verificar a política na interface, é evidente que os pacotes de voz estão a ser transmitidos na rede, mas não há qualquer queda de pacotes e a prioridade está activada para o tráfego de voz.

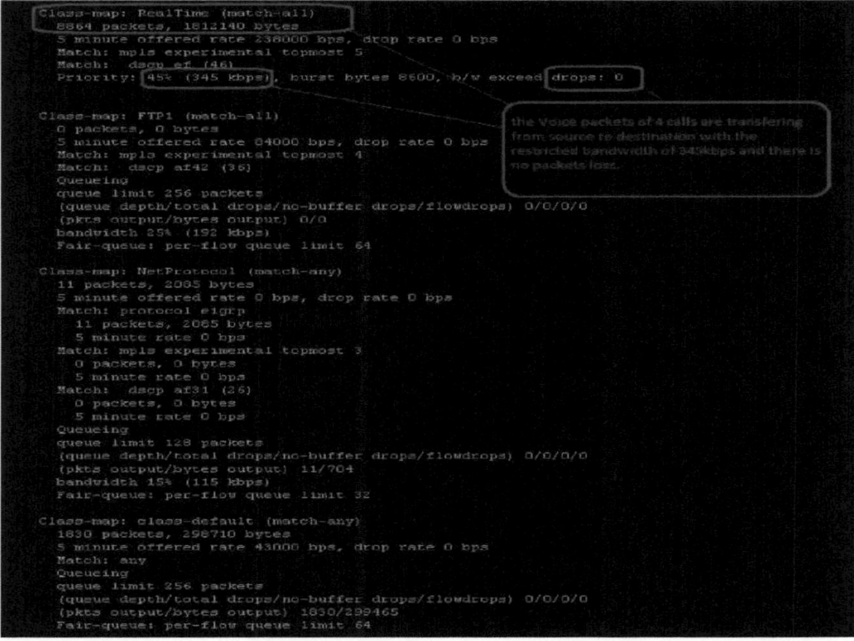

Captura de ecrã9: Mapa de políticas na interface de saída quando as chamadas estão ligadas

7.5 Experiência 4 (chamadas VOIP e tráfego FTP com QoS):

Esta é a experiência final e a principal de todas. Esta experiência é semelhante à experiência 2, mas ao realizá-la a qualidade do serviço é activada na rede. Com a ajuda da qualidade do serviço, o MOS para a voz mantém-se em 4,34, o que é excelente na presença de outro tráfego na rede. Além disso, não há qualquer queda de pacotes para o FTP ou qualquer outro tráfego que esteja a ser transmitido da origem para o destino. Os resultados obtidos com a utilização da IPSLA são os seguintes

```
Lahore#
Lahore#
Lahore#
Lahore#
Lahore#sh ip sla stat 10
IPSLAs Latest Operation Statistics

IPSLA operation id: 10
Type of operation: udp-jitter
        Latest RTT: 11 milliseconds
Latest operation start time: *10:15:57.239 UTC Thu Apr 30 2015
Latest operation return code: OK
RTT Values:
        Number Of RTT: 1000                RTT Min/Avg/Max: 7/11/41 milliseconds
Latency one-way time:
        Number of Latency one-way Samples: 0
        Source to Destination Latency one way Min/Avg/Max: 0/0/0 milliseconds
        Destination to Source Latency one way Min/Avg/Max: 0/0/0 milliseconds
Jitter Time:
        Number of SD Jitter Samples: 999
        Number of DS Jitter Samples: 999
        Source to Destination Jitter Min/Avg/Max: 0/2/24 milliseconds
        Destination to Source Jitter Min/Avg/Max: 0/2/14 milliseconds
Packet Loss Values:
        Loss Source to Destination: 0            Loss Destination to Source: 0
        Out Of Sequence: 0        Tail Drop: 0
        Packet Late Arrival: 0    Packet Skipped: 0
Voice Score Values:
        Calculated Planning Impairment Factor (ICPIF): 1
MOS score: 4.34
Number of successes: 7
Number of failures: 0
Operation time to live: Forever
```


Captura de ecrã 10: Estatísticas IPSLA quando o tráfego FTP está a ser transmitido e as chamadas estão ligadas

A captura de ecrã que se segue mostra o mapa de políticas na interface do router. Esta captura de ecrã mostra claramente que todos os tipos de tráfego estão a ser transmitidos na rede, mas não há qualquer perda de pacotes quando a qualidade do serviço está activada.

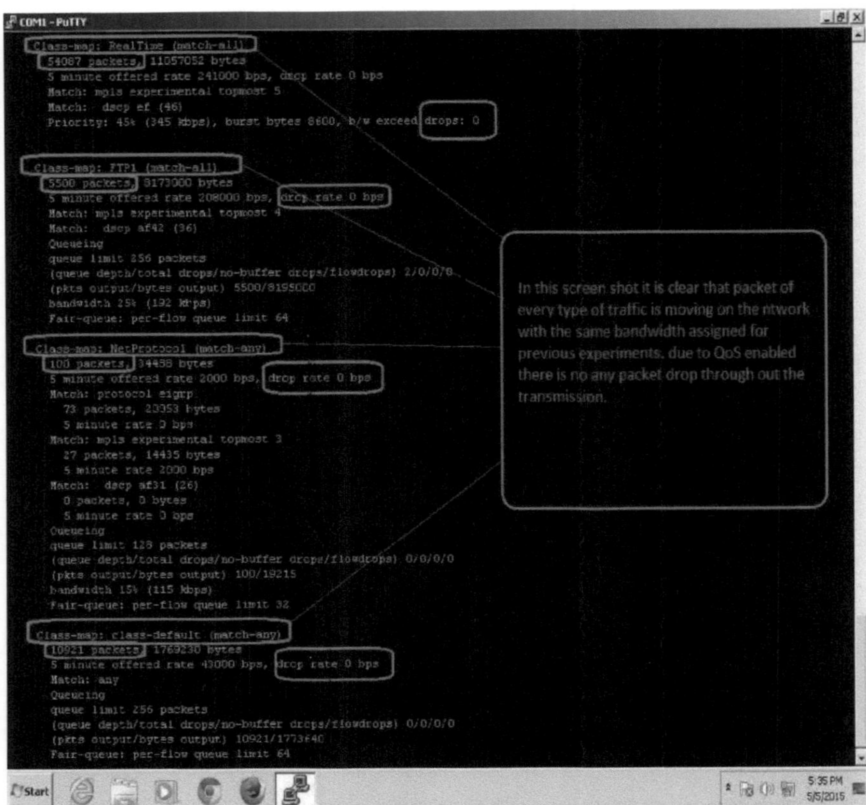

Captura de ecrã 11: Mapa de políticas na interface de saída quando o tráfego FTP está a ser transmitido e as chamadas estão ligadas

Esta implementação é feita num laboratório e é por isso que não há latência na rede. Mas se implementarmos esta tecnologia na realidade, deve haver algum atraso de extremo a extremo devido à grande distância e a outros problemas de ligação. Mas o MPLS torna-a eficiente em comparação com a rede simples baseada em IP. As experiências efectuadas em laboratório indicam que o MPLS é uma tecnologia mais eficiente do que o IPv4.

7.6 Avaliação do projeto:

Este projeto de melhores práticas de investigação e análise de VOIP com MPLS utilizando IPv4 que proporciona uma elevada qualidade de serviço é explicado em pormenor no presente relatório. Os diferentes objectivos relacionados com este projeto e as avaliações desses objectivos são os seguintes

1. A tecnologia de rede implementada no Paquistão nas instalações do cliente é a RDIS, que está a ser utilizada para ligar os seus dois campus para transmissão de dados e voz, conforme explicado no capítulo 3, tópico 3.2.

2. A comutação de etiquetas multiprotocolo (MPLS) é a tecnologia que transmite pacotes IP da origem para o destino utilizando etiquetas em vez de endereços IP. Esta transmissão utilizando a tecnologia MPLS é eficiente em comparação com o IPv4. As informações pormenorizadas sobre a tecnologia

MPLS e o seu funcionamento para o cliente são apresentadas no Capítulo 3, tópicos 3.3 e 3.4.

3. A qualidade do serviço é o principal ponto-chave deste projeto, pelo que os requisitos e os factores que afectam a qualidade da voz são a latência, a perda de pacotes, o jitter e a largura de banda disponível, o que é discutido no capítulo 3, tópico 3.5.

4. A transmissão de voz através de uma rede baseada em MPLS e a configuração da qualidade de serviço para pacotes baseados em etiquetas são explicadas em pormenor nos tópicos 4.2 e 4.3 do Capítulo 4. A qualidade do serviço para os pacotes de etiquetas é definida num campo de 3 bits designado por bits experimentais. A marcação do tráfego e a QoS configurada para diferentes tipos de tráfego asseguram a transmissão bem sucedida e eficiente de voz e dados de um campus para outro. A política de QoS concebida para o cliente é definida na tabela 6.1 do capítulo 6.

5. O modelo de rede que indica a conceção original da rede e o esquema de endereçamento IP para o cliente é analisado no capítulo 5. Este modelo de rede demonstrativo foi concebido desta forma para poder satisfazer todos os requisitos do cliente no Paquistão.

6. Para testar esta rede concebida, foram efectuadas várias experiências, apresentadas no capítulo 7. Estas experiências indicam que o modelo de rede proposto e a política de qualidade de serviço definida para o tráfego são a melhor solução em comparação com a antiga rede disponível na Universidade Superior do Paquistão. O resultado final indica que, quando todos os tráfegos estão a ser transmitidos através da rede baseada em MPLS, não há qualquer perda de pacotes e a qualidade da voz é excelente.

7.7 Conclusão:

Em conclusão do capítulo anterior, menciona-se que a largura de banda da rede de demonstração foi fixada em 768 kbps. A razão para definir esta largura de banda é produzir congestionamento quando há vários tráfegos na rede. A experiência 1 e a experiência 3 foram efectuadas gerando 4 chamadas sem qualidade de serviço e com qualidade de serviço, respetivamente. Na experiência 2, foram gerados tráfego FTP e 4 chamadas para produzir congestionamento na rede, pelo que o resultado de saída foi pior, porque houve queda de pacotes e o MOS para voz foi de 3,15. Depois, na experiência 4, foi activada a qualidade do serviço na rede e o resultado foi excelente: o MOS para a voz foi de 3,14 e não houve qualquer perda de pacotes. Isto mostra que este modelo proposto está de acordo com os requisitos do cliente, o que garante uma elevada qualidade de serviço para voz e dados numa rede baseada em MPLS.

Capítulo 8

Conclusão e recomendação do projeto

8.1 Planeamento de projectos:

Todo o projeto foi planeado utilizando o diagrama de Gantt que contém a distribuição das tarefas relacionadas com este projeto. Estas tarefas estão divididas em dias e cada dia está dividido num número específico de horas. Este diagrama de Gantt ajudou-me muito a realizar todas as minhas tarefas a tempo e a preparar-me para o apresentar ao meu supervisor em todas as reuniões. Desta forma, consegui gerir o meu tempo de forma mais eficiente e manter-me no caminho certo durante todo o projeto. Este diagrama de Gantt e outros documentos relacionados com a revisão do planeamento encontram-se em anexo.

8.2 Conclusão do projeto:

O objetivo deste projeto é conseguir uma melhor qualidade de serviço para a transmissão de voz e dados numa rede baseada em MPLS. Para explicar e desenvolver este tópico de investigação, seleccionei a Universidade Superior do Paquistão, que tem três campus em diferentes cidades do país. A análise da literatura está dividida em dois capítulos. O capítulo 3 e o capítulo 4 deste relatório contêm informações completas sobre a tecnologia MPLS, a transmissão de voz em MPLS e a qualidade do serviço através da utilização de MPLS.

Após a discussão pormenorizada sobre a tecnologia e o trabalho de investigação, é necessário criar um modelo de rede para implementar este trabalho de investigação. O capítulo 5 do presente relatório descreve o modelo de rede de demonstração concebido para a Universidade Superior do Paquistão. Este modelo de rede é constituído por routers de campus nas instalações do cliente e por uma rede MPLS central.

Durante a implementação deste projeto de rede, há alguns problemas que foram enfrentados e que são discutidos no capítulo 6 do presente relatório. Estes problemas estavam relacionados com a política de QoS através da utilização da tecnologia MPLS, problemas de hardware e utilização de ferramentas para testar a rede. A política de QoS, concebida para o tráfego de voz e de dados, foi definida de acordo com as normas IETF. De acordo com a política, a voz é o tráfego prioritário com a marca DSCP 'ef' e o valor experimental 5. E a parte máxima da largura de banda é atribuída ao tráfego de voz para garantir uma melhor qualidade de serviço para a voz na rede baseada em MPLS.

Depois de implementar tudo no equipamento real, é necessário um plano de testes para testar a rede, a fim de garantir que esta rede concebida satisfaz ou não os requisitos do cliente e que é possível obter uma melhor qualidade de serviço para voz e dados através da rede baseada em MPLS. Estas experiências são explicadas em pormenor no capítulo 7 do presente relatório. Para efeitos de teste, o tráfego FTP e as chamadas de voz foram gerados na rede de uma extremidade à outra sem ativar a qualidade do serviço, o que resultou numa perda de pacotes e na pior qualidade de voz de extremo a extremo. Em seguida, o mesmo nível de tráfego foi transmitido na rede com a qualidade do serviço activada, não se registando qualquer perda de pacotes e a qualidade da voz foi excelente. Estes resultados indicam que a rede baseada em MPLS pode proporcionar uma boa qualidade de serviço para voz.

8.3 Recomendação futura:

Depois de implementar este projeto, apercebi-me de que há muito espaço disponível para acrescentar mais funcionalidades a este tópico de investigação. Estas características podem tornar este tópico de investigação mais valioso e autêntico para o cliente real. As características são as seguintes

1. **MPLS-VPN:** para a conetividade destes três campi, é melhor e mais seguro implementar uma VPN de ponta a ponta baseada em MPLS. Atualmente, a VPN MPLS é uma tecnologia muito útil para as redes empresariais em todo o mundo.
2. **Redundância na rede:** No modelo concebido, a redundância das ligações pode tornar o projeto mais profissional e útil. O failover da ligação é o principal requisito para todas as redes. Juntamente com a ligação redundante, deve existir um servidor VOIP redundante num sistema. Se o servidor principal se avariar, deve haver um servidor redundante para fazer o backup.
3. **Segurança das chamadas:** Uma vez que se trata de uma rede privada para a transmissão de voz, a segurança das chamadas deve estar presente para garantir que as chamadas são seguras de ponta a ponta.
4. **Segurança da rede:** Atualmente, o número de intrusos e de ataques maliciosos aumenta de dia para dia. Tendo isto em mente, este modelo concebido deve incluir algumas características de segurança para o tornar completo e digno.
5. **Videoconferência:** utilizando a rede de base MPLS, podemos efetuar a transmissão de vídeo com um atraso muito reduzido de extremo a extremo. A transmissão de vídeo e as videoconferências são um requisito importante para quase todas as redes empresariais.

Referências

Abbasi, T., (2005). Um estudo comparativo dos protocolos VoIP SIP e IAX. Em Proceedings of the 2005 Canadian Conference on Electrical and Computer Engineering, páginas 179-183, Saskatoon, Canadá.

Andersson, L. (2008). A norma de comutação de etiquetas multiprotocolo da IETF: O caso do perfil de transporte MPLS. Internet Computing, IEEE, 12(4):69-73.

Carter Horney, (2010) *ut.fei.stuba.sk*, http://www.ut.fei.stuba.sk/~chromy/SpS2/referaty/35 - QoS e MPLS.pdf, 2015
C.Andrew,(2006)publib.boulder,https://publib.boulder.ibm.com/iseries/v5r1/ic2 924/index.htm?info/rzaim/rzaimadvantagesofusingisdn.htm2015
O. Ergun, (2014) *networkcomputing*, http://www.networkcomputing.com/networking/using-mpls-traffic-engineering- to-meet-slas/d/d-id/1252739, 2015
Cisco. (2001), *Quality of Service for Voice over IP*, Cisco Press: Cisco.
J. Till Jhonson, (2008) *searchenterprisewan*, http://searchenterprisewan.techtarget.com/tip/MPLS-advantages-and- disadvantages-for-WAN-connectivity, 2015A. Saunders, (2013) *commsbusiness*, http://commsbusiness.co.uk/features/the-death-of-isdn-3/, 2015
Hac, A. et al. (1989). Protocolos RDIS de banda larga e estruturas de interface. In: *Redes Locais de Computadores, Mineapolis, MN 10-12 Out 1989* , pp.189-195.
Nguyen D. (1985 Nova versão 2003). Arquitetura do protocolo RDIS . *Revista Communications, IEEE* . **23**, 15-22.
Margret R, (2009) *searchenterprisewan* ,http://searchenterprisewan.techtarget.com/definition/ISD N,2015
Sudeep G, (2012) *mplstutorial*, http://mplstutorial.com/mpls-basics, 2015
Iwan Price-E, (20/11/2013) *metaswitch*, http://www.metaswitch.com/wiki/what- ldp, 2015
Cory J., (2010) *techopedia*, http://www.techopedia.com/definition/20284/label-switching-router-lsr, 2015
(Hussain, I. 2004) (2004). Visão geral da tecnologia MPLS e aplicações de engenharia de tráfego. In: *Conferência de Redes e Comunicação, 2004. INCC 2004. Internacional, EUA, junho de 2004*, pp.1-9.
Yackoski, J. (2010). Gerir o atraso de ponta a ponta para chamadas VoIP em redes em malha sem fios de múltiplos nós: *INFOCOM IEEE Conference on Computer Communications Workshops, 2010* , San Diego, CA *15-19 de março de 2010*, pp.16.

LAKSHMAN, ARTécnica de balanceamento de carga para VOIP em redes MPLS. *Revista Internacional de Pesquisa Avançada em Ciência da Computação*. 5, 7, 88, set. 2014. ISSN: 09765697
K. Geogre , (2009) *mplstutorial*, http://mplstutorial.com/, 2015
C. Master, (2014) *voip-info*, http://www.voip-info.org/wiki/view/QoS, 2015
Puneet M., (2010) *searchnetworking*, http://searchnetworking.techtarget.com/answer/What-is-FEC-in-MPLS, 2015
Wright, D. . (Nov 2002). Voice over MPLS compared to voice over other packet transport technologies (Voz sobre MPLS comparada com voz sobre outras tecnologias de transporte de pacotes). *Revista Communications, IEEE*. **40**, 124132.
Reyadh Shaker. (2012). Avaliação de desempenho para VOIP sobre IP e MPLS.

Jornal Mundial de Ciência da Computação e Tecnologia da Informação. **2**, 110
S. Goyal, (2010) *mplstutorial*, http://mplstutorial.com/mpls-basics, 2015
Jong-Moon C. . (2001). Requisitos de rede VoIP sobre MPLS. *Lecture Notes in Computer Science* . **2094**, 735-744.
http://searchunifiedcommunications.techtarget.com/tutorial/VoIP-on-MPLS
Greg Voller, (junho de 2013) *elitetele*, http://www.elitetele.com/news/read/how- sip-and-mpls-work-together, 2015
http://www.corp.att.com/gov/solution/network_services/voice_services/voip.ht ml
cisco,(2010) *ciscopress*,
http://www.cisco.com/c/en/us/td/docs/switches/datacenter/sw/5_x/nx-os/mpls/configuration/guide/mpls_cg/mpls_qos.html, 2015
Othman, A.Z. (2012). O efeito da implementação de QoS na rede MPLS . In: *Tecnologia e aplicações sem fios (ISWTA), 2012 IEEE Symposium on , Bandung 23 Set 2012*, pp.321-326.
Rahimi, M. (2009). Implementação da Qualidade de Serviço (QoS) em redes Multi Protocol Label Switching (MPLS). In: *Processamento de Sinais e suas Aplicações, 2009. CSPA 2009. 5th International Colloquium on , Kuala Lumpur 6 march 2009*, pp.98-103.
cisco,(2010) *cisco*,
http://www.cisco.com/c/en/us/td/docs/switches/lan/catalyst6500/ios/15-1SY/config_guide/sup2T/15_1_sy_swcg_2T/mplsqos.html, 2015
SOORKI, MN. Roteamento por protocolo de comutação de rótulos com largura de banda garantida e atraso de caminho de ponta a ponta em redes MPLS. *Journal of Network and Computer Applications*. 42, 21-38, 1 de junho de 2014. ISSN: 1084-8045
Gure, O. (2010). Análise da qualidade de serviço em redes MPLS. In: *Circuitos e Sistemas para Comunicações (ECCSC), 2010 5th European Conference on , Belgrado 23 Nov 2010*, pp.43-46.
E. Rosen, (Jan. 2001) *IETF*, http://https://tools.ietf.org/html/rfc3032, 2015
F. Le Faucheur, (maio de 2002) *IETF*, http://https://tools.ietf.org/html/rfc3270, 2015
M. Rouse, (Jan. 2013) *techtarget*, http://whatis.techtarget.com/definition/IP- SLA-Cisco, 2015
C. Partsenidis, (2010) *searchnetworking*,
http://searchnetworking.techtarget.com/answer/What-is-iPerf-and-how-is-it- usado, 2015
L. Berger, (Out. 2010) *tools.ietf.org*, http://https://tools.ietf.org/html/rfc6004, 2015
Dana, A. (2009). Seleção de LSPs de backup em redes MPLS baseada em QoS. In: *Tecnologia de Comunicação Avançada, 2009. ICACT2009. 11th International Conference on , Phoenix Park Feb. 2009*, pp.611-614.
Lin Qi (2012). Técnica de Super VLAN aplicada à reforma de redes. In: *Ciência da Computação e Sistema de Serviços (CSSS), 2012 Conferência Internacional sobre , Nanjing ug. 2012*, pp.785-788.
Stephen McQuerry (5 Dez, 2003), *CCNA Self-Study (ICND Exam): Extending Switched Networks with Virtual LANs*, Ciusco Press: Cisco.
Luc De Ghein. (5 JAn, 2007), *MPLS Fundamentals: Forwarding Labeled Packets*, Cisco press: Cisco.
F. Baker, (maio de 2010) *IETF*, http://https://tools.ietf.org/html/rfc5865, 2015

Feedback do cliente:

Name of Sponsoring Organisation/Individual:

DAVID EVANS

Name of Student :	Programme:
JUNAID TAHIR	M.Sc TELECOMMUNICATION Engg.

Please give a score -5 to +5 to the following criteria (-5 = very bad, +5 = very good).
Please follow these up with written comments where you feel it is appropriate.
N.B. All these criteria refer to the practical product and the student undertaking the project.

Criterion	Score
Match between your requirements and the Terms of Reference negotiated by the student.	4
Satisfaction with the product delivered by the student.	4
Satisfaction with the manner in which the project was conducted by the student.	5
Professionalism of the student.	5
Preparedness of the student (for meetings, etc).	5
Level of knowledge displayed by the student.	4
Level of enthusiasm (commitment) displayed by the student.	5
Ability of student to work autonomously.	5
Ability of student to take direction (when appropriate).	5

Would you be interested in sponsoring MSc projects in the future? Yes/No

If "yes" please briefly identify the areas of interest, and provide contact details for us to follow up.

If "no" please briefly provide let us know why.

Please add any further comments about your experience below (continue on other sheets if necessary).

QoS examined & tested thoroughly key objectives all met & explored well.

Could have considered using IETF maturing standards. Could have adjusted the topology to better mimic L3VPN operation between client & provider.

Printed by Books on Demand GmbH, Norderstedt / Germany